Geld und Finanzen für Anfänger

Bauen Sie mit geringem Einkommen ein Vermögen auf. Nutzen Sie Ihr Kapital und investieren Sie es richtig, um Ihre Freiheit und Unabhängigkeit genießen zu können.

Dennys Shanmugam

Copyright © 2017 Dennys Shanmugam

Alle Rechte vorbehalten.

ISBN-10: 1976187117
ISBN-13: 978-1976187117

HAFTUNGSAUSSCHLUSS

Dieses Buch enthält Meinungen und Ideen des Autors und hat die Absicht, Menschen hilfreiches und informatives Wissen zu vermitteln. Die enthaltenen Strategien passen möglicherweise nicht zu jedem Leser, und es gibt keine Garantie dafür, dass sie auch wirklich bei jedem funktionieren. Die Benutzung dieses Buchs und die Umsetzung der darin enthaltenden Informationen erfolgt ausdrücklich auf eigenes Risiko. Der Autor kann für etwaige Schäden jeder Art aus keinem Rechtsgrund eine Haftung übernehmen. Haftungsansprüche gegen den Autor für Schäden materieller oder ideeller Art, die durch die Nutzung oder Nichtnutzung der Informationen bzw. durch die Nutzung fehlerhafter und/oder unvollständiger Informationen verursacht wurden, sind grundsätzlich ausgeschlossen. Das Werk inklusive aller Inhalte gewährt für Aktualität, Korrektheit, Vollständigkeit und Qualität der bereitgestellten Informationen. Druckfehler und Fehlinformationen können nicht vollständig ausgeschlossen werden. Es kann keine juristische Verantwortung sowie Haftung in irgendeiner Form für fehlerhafte Angaben und daraus entstandenen Folgen vom Autor übernommen werden.

INHALTSVERZEICHNIS

Haftungsausschluss
Inhaltsverzeichnis
Vorwort
Einleitung

1	Einstellung zum Geld	12
2	Der Teufelskreis	29
3	Faktoren für den finanziellen Erfolg	57
4	Optimierung	87
5	Hindernisse	103
6	Finanzielles Basiswissen	119
7	Wie Sie Ihr Vermögen aufbauen	133
8	Vermögensformen	177
9	Zusammenfassung	204
10	Danksagung und Impressum	210

VORWORT

Geld. Unsere gesamte Wirtschaft funktioniert mit diesem Tauschmittel. Du tauscht immer einen bestimmten Wert gegen Geld. Es könnte deine Arbeitszeit sein oder der Krempel, den du aus deinem Keller verkaufen willst. Mehr ist es nämlich nicht!

Wenn du also mehr Geld verdienen möchtest, dann musst du lediglich darauf achten, was du anbietest. Umso seltener deine Fähigkeit im Berufsleben, desto mehr Geld kannst du verlangen. Wie kannst du seltener werden, fragst du dich? Indem du dich weiterbildest und dir Fähigkeiten aneignest, die Mehrwert schaffen. Mehr Geld zu verdienen ist kein Zaubertrick, aber es bedeutet natürlich Arbeit. Interessanterweise wollen alle Menschen immer nur mehr auf ihrem Konto anhäufen. Ich selbst habe mir mal das Ziel gesetzt 10.000 Euro im Monat zu verdienen. Nachdem ich es erreicht habe, sind mir 2 Dinge aufgefallen.

1. Mehr Geld macht nicht glücklich. Wenn du 10.000 Euro verdienst, dann willst du auf einmal 20.000 Euro. Es ist wie der Esel, der eine Karotte vor die Nase umgehängt bekommt. Dieser rennt er nach ohne irgendwo anzukommen.

2. Es kommt nicht darauf an, wie viel du verdienst, sondern wieviel du davon behältst! Wenn ich 10.000 Euro verdiene, aber 9.000 Euro für Werbung ausgebe, dann bin ich schlechter dran als der Durchschnitt der deutschen Gesellschaft. Dann kann die Zahl noch so groß sein.

Deshalb gibt es eine sehr simple Regel. Fixkosten senken und Investitionen erhöhen. Du meinst, dass der neue 20 Zoll Flachbildschirm eine echte Investition für dich und deine Familie ist? Wenn ja, dann sollten wir uns über die Definition einer Investition unterhalten.

Vereinfacht lernst du in diesem Buch Prinzipien, wie du mehr Geld verdienst. Viel wichtiger, du lernst wie du dieses Geld durch leichte und schlaue Denkansätze behältst! Durch dieses Buch wirst du einen neuen Beruf für dich privat erlernen – du wirst dein eigener Finanzmanager! Du lernst was eine wahre Investition ist und wie du dein Geld so einsetzt, dass du es für dich arbeiten lässt, anstatt immer nur selbst dafür zu arbeiten.

Oliver Lorenz

www.oliver-lorenz.com

EINLEITUNG

In **„Geld und Finanzen für Anfänger"** werden Sie den Grundstein für Ihre finanzielle Freiheit legen. Mit diesem Buch werden Sie nicht nur einen anderen Bezug zu Geld gewinnen, sondern sich auch persönlich auf ein neues Level begeben.

Sie werden verstehen, dass Sie nicht viel Geld verdienen müssen, um ein großes Vermögen aufzubauen, sondern dass es darum geht, wie Sie über Geld denken. Wenn Ihr Verstand soweit ist, geht es über zum nächsten Schritt, wie man ein Vermögen aufbaut.

Sie lernen essentiell wichtige Dinge, die Sie nicht nur auf Ihre Finanzen anwenden können, sondern auch auf andere Bereiche in Ihrem Leben. Ein kleiner Überblick, was Sie in den ersten Kapiteln erwartet:

- Zielfindung und Zielsetzung
- Zeitmanagement
- Umgang mit Rückschlägen
- Schnelle Entscheidungen treffen
- Anpassung Ihrer finanziellen Glaubenssätze

Dieses Buch ist sehr pragmatisch, denn die Umsetzung ist das A und O. Lernen Sie sich selbst neu zu strukturieren und fangen Sie an zu agieren statt zu reagieren. Lesen Sie sich in die finanziellen Grundlagen ein, um ein gesundes Fundament zu legen, auf dem Sie etwas aufbauen können.

Lassen Sie Ihr Geld für sich arbeiten und arbeiten Sie nicht für Ihr Geld. Eignen Sie sich ein finanzielles Basiswissen an, indem Sie einen Einblick in folgende Punkte erhalten:

- Sie lernen anders über Geld zu denken
- Der Unterschied zwischen Vermögenswerten und Verbindlichkeiten
- Wo Sie wirklich sparen sollten
- Anwendung eines Haushaltsbudgets

Sie werden verstehen, warum Unternehmen Bilanzen führen und warum Sie dasselbe tun sollten.

Bonus: Aus diesem Grund habe ich Ihnen eine Exceltabelle beigefügt, die Sie kostenlos zum Download bereitsteht, mit der Sie sofort Ihre Budgetaufstellung beginnen können, um sich selbst erst einmal einen Überblick über Ihre Finanzen zu verschaffen.

Vermeiden Sie die Fehler, die die breite Masse macht, wenn es um Finanzen geht. Sie werden in diesem Buch verstehen, was der Unterschied zwischen Vermögenswerten und Verbindlichkeiten ist und welche fatalen finanziellen Folgen Sie nur durch das Wissen darüber vermeiden können.

Ich gebe Ihnen einen 6-Schritte-Plan mit an die Hand, wie eine Art Leitfaden, den Sie sofort umsetzen können, um langfristig finanziell besser organisiert zu sein und dadurch entspannter Ihren Weg gehen zu können.

Was Sie nicht erwarten können von diesem Buch:

- Irgendwelche „heißen Tipps"
- Wie Sie schnell zu viel Geld kommen

Was Sie erwarten können von diesem Buch:

- Sie lernen Ziele zu setzen (wenn Sie kein Ziel haben, haben Sie keinen Weg)
- Einbau von wichtigen Routinen, die zielführend sind
- Sie werden verstehen, warum Sie Ihre Finanzen täglich dokumentieren müssen
- Klarheit mit einem Leitfaden

Wann gehen Sie normalerweise zum Zahnarzt? Vermutlich dann, wenn es weh tut. Warten Sie nicht, bis der Schmerz eintrifft. Statt zu reagieren, sollten Sie anfangen zu agieren.

Bevor Ihre Finanzen Ihnen Schmerzen bereiten, sollten Sie sich dieses Buch durchlesen.

Viel Spaß beim Lesen ☺

1. EINSTELLUNG ZUM GELD

Was ist Geld?

„Geld ist ein guter Diener aber ein schlechter Herr." – Francis Bacon

Was ist Geld und welchen Zweck erfüllt es? Bevor das Geld eingeführt worden ist, wurden früher Waren untereinander getauscht. Angenommen man backte selber Brot, so konnte dieses Brot gegen andere Waren eingetauscht werden. Wollte man Eier für Brot haben, wurden z. B. 10 Eier gegen ein Stück Brot getauscht. Die Problematik hinter diesem Tauschgeschäft war, dass z. B. jemand, der Käse herstellt, aber kein Brot mochte, seinen Käse für Brot nicht hergab. So musste der Bäcker sein Brot gegen etwas Anderes eintauschen, um den Käse zu erhalten. Waren, die einen deutlich höheren Wert aufweisen, wie z. B. Schmuck, konnten nur schwer gehandelt werden. Dies ist umständlich gewesen und dementsprechend wurde Geld als Tauschmittel eingeführt. So konnte der Bäcker sein Brot verkaufen und mit dem Geld, was er durch den Verkauf erhalten hatte, Käse kaufen. Diese Form von Handel war viel leichter und schneller.

Wenn Geld lediglich ein Tauschmittel ist, eine anerkannte Währung, die überall akzeptiert wird, warum haben dann so viele Leute eine negative Haltung zu Geld?

Finanzielle Glaubenssätze

„You must learn a new way to think before you can master a new way to be." – Marianne Williamson

"Sie müssen zuerst lernen anders zu denken, bevor Sie jemand anderes sein können." – Marianne Williamson

Ihre Art und Weise zu denken hat Sie dahin gebracht, wo Sie heute stehen, und zu der Person gemacht, die Sie heute sind. Viele kommen im Leben nicht voran, weil sie falsch konditioniert sind.

Bleiben wir zur Veranschaulichung bei einem Elefanten: Ein kleiner Babyelefant wird für den Zirkus dressiert. Man bindet ihm ein Seil um sein Bein und rammt einen Pfahl in den Boden, damit er nicht wegläuft. Der kleine Elefant strengt sich an und versucht alles, damit er sich frei bewegen kann. Nach unzähligen Versuchen hört er auf, denn er merkt, dass es nicht klappt. Deswegen versucht er es nicht mehr. Einige Jahre später ist der Elefant ausgewachsen und stattliche fünf Tonnen schwer. Jetzt könnte er mit Leichtigkeit den Pfahl herausreißen und frei herumlaufen. Aber er hat ja als Kind schon gelernt: Egal, wie sehr er sich anstrengt, er kann den Pfahl nicht herausreißen. Dabei wäre er nur einen kleinen Schritt von seiner Freiheit entfernt.

Wenn Sie mit Ihrer gegenwärtigen Situation nicht zufrieden sind, müssen Sie Ihre Glaubenssätze ändern, denn Ihre Situation ist nur ein Spiegelbild dessen, woran Sie glauben. Ihre Glaubenssätze entstehen durch Ihre eigenen Erfahrungen, Erfahrungen anderer, Meinungen anderer oder durch Beobachtungen.

Wenn Sie einen fünf Tonnen schweren Elefanten sehen, der sich nicht befreien kann, und Sie selber ein Elefant wären, der vier Tonnen wiegt, würden Sie es aufgrund Ihrer Beobachtung gar nicht versuchen, sich zu befreien. Sie wären der Meinung, dass Sie dort jemanden vor sich haben, der schwerer und kräftiger ist als Sie, und wenn es diesem schon nicht gelingt, kann es Ihnen auch nicht gelingen.

Schreiben Sie sich alle Glaubenssätze über Geld auf, die Sie verinnerlicht haben. Zum Beispiel: Geld verdirbt den Charakter oder Geld fühlt sich wohl bei mir. Ihre aktuellen finanziellen Glaubenssätze lauten:

1.
2.
3.
4.
5.

Wenn Sie alle Glaubenssätze über Geld aufgeschrieben haben, sehen Sie sehr schnell, welche Sie ändern müssen. Um eine positive Einstellung gegenüber Geld zu gewinnen, müssen Sie nicht nur Ihre alten negativen Glaubenssätze brechen, sondern diese durch positive Glaubenssätze erneuern. Diese sind der Baustein, das Fundament für Ihren finanziellen Wohlstand. Wenn Sie negativ über Geld denken, stoßen Sie Geld gedanklich ab. Wenn Sie positiv über Geld denken, ziehen Sie Geld an. Wie haben Sie vor fünf Jahren über Geld gedacht? Ihr aktuelles Vermögen spiegelt Ihre damalige Denkweise wider. Es besteht ein Zusammenhang zwischen Ihrer Denkweise über Geld und Ihrem Kontostand. Fangen Sie an, anders zu denken und dementsprechend werden Sie langfristig ein großes Vermögen anhäufen.

Überlegen Sie sich, wie viel Geld Sie mit sich herumtragen und warum Sie immer ungefähr so viel Geld mit sich herumtragen. Ich hatte früher immer nur 10 € in meiner Tasche, weil ich dachte, wenn ich mehr Geld dabei habe, gebe ich es nur aus. Dementsprechend fühlte sich Geld nicht wohl bei mir. Tragen Sie immer viel Geld bei sich und geben Sie es nicht aus. Dadurch fühlt sich Geld bei Ihnen wohl. Wenn Sie ein monatliches Einkommen von 500 Euro haben, halten Sie immer 50 Euro in der Tasche.

Wenn Sie 5.000 Euro verdienen, dann halten Sie immer 500 Euro in Ihrem Portmonee; also ca. 10 % von Ihrem Einkommen. Sie dürfen es nicht ausgeben. Dadurch zeigen Sie, dass Sie in der Lage sind, mit Geld umzugehen und Geld anziehen, weil Sie immer welches bei sich haben. Sie werden dadurch zu einem Geldmagneten und Geld fühlt sich bei Ihnen wohl. Immer wenn Sie Ihr Portmonee zücken, sehen Sie diesen Schein darin und trainieren Ihr Gehirn darauf, dass Sie sich mit dem Schein vieles kaufen könnten, es aber nicht machen, da Sie ein Geldmagnet sind.

Lernen Sie zu geben und zu spenden. Wenn Sie sich jetzt denken, dass Sie erst vermögend sein müssen, um zu spenden, irren Sie sich gewaltig. Der Bauer erntet nicht, bevor er sät, sondern andersherum. Es muss nicht unbedingt monetär sein; Sie können viele Dinge tun, um zu geben. Gehen Sie raus und schenken Sie einem Obdachlosen Kleidung, die Sie nicht mehr benötigen, werden Sie ein Ansprechpartner für Waisen, helfen Sie Flüchtlingen, hier Fuß zu fassen oder hören Sie einfach nur aufmerksam zu, wenn jemand etwas Wichtiges zu erzählen hat. Es gibt unzählige Möglichkeiten zu helfen. Danach werden Sie sich sehr viel besser fühlen.

Falls Ihnen nichts einfällt, wie Sie anderen Menschen helfen können, denken Sie zurück und überlegen Sie, welchen Rat oder welche Hilfe Sie sich damals gewünscht hätten. Ich selbst z. B. habe damals angefangen zu studieren und merkte nach ca. zwei Semestern, dass ich überall hinterherhinke und nur eine von acht Prüfungen bestanden hatte, weil ich nicht wusste, wie ich ein Studium erfolgreich bewältigen kann. Dabei hat mir eine Person gefehlt, die mir einen roten Faden mit an die Hand gibt, eine Struktur, wie ich den vielen

Stoff in kurzer Zeit lernen kann. Kurz darauf entschloss ich, woanders neu anzufangen.

Ich habe mir Lerntechniken, die Struktur und alles Weitere selbst beigebracht; nichts davon kam von der Universität. Somit beschloss ich nach fünf Semestern, eine Veranstaltung für die neuen Erstsemester zu erstellen und Ihnen diesen roten Faden, diese Struktur, mit an die Hand zu geben. Ich selbst weiß, dass diese Studierende viele Fragen haben, sich aber nicht trauen, in einem großen Vorlesungssaal eine Frage zu stellen, die vielleicht peinlich sein könnte, aber diese Denkweise herrscht in vielen anderen Köpfen. Ich hielt diese Veranstaltung für Sie, weil ich selbst diese Person damals benötigt hätte. Reflektieren Sie Ihr Leben und schauen, was Ihnen damals gefehlt hat und lösen Sie dieses Problem für die Menschen, die sich in der gleichen Situation befinden, wie Sie damals. Ganz nach dem Motto von Ghandi: „Sei du die Veränderung, die du dir für die Welt wünschst."

Wenn Sie vermögend werden wollen, dann müssen Sie lernen, anders über Geld zu denken. Viele nehmen einen zweiten Job an und wundern sich, warum sie nicht vermögender werden. Der Grund ist, dass sie zwar ihre Handlungen ändern, der Prozess durch falsche Gedanken über Geld aber schon voll im Gange ist.

Ghandi sagte: „Deine Gedanken bestimmen deine Gefühle, deine Gefühle deine Handlungen, deine Handlungen deine Ergebnisse, deine Ergebnisse dein Schicksal und dein Schicksal dein Charakter." Vor den Gedanken herrschen allerdings Glaubenssätze. Sie müssen die Glaubenssätze brechen, die Sie bisher daran gehindert haben, vermögend zu werden.

Wie Sie sehen, müssen Sie erst Ihre Glaubenssätze ändern statt das Handeln. Viele überlegen sich, wie sie vermögender werden. Sie „denken" darüber nach, sind also schon auf der zweiten Ebene, und kommen dann häufig zu dem Entschluss, dass sie einen zweiten Job annehmen müssen. Dieser Glaubenssatz wurde ihnen in der Erziehung mitgegeben und mehr als 99% würden dem auch zustimmen. Sie müssen erst Ihre Glaubenssätze ändern, dann werden Sie anders denken und dementsprechend anders handeln.

Sagen Sie sich für die nächsten 90 Tage jeden Tag, dass Sie wie ein Millionär denken. Fangen Sie also bei Schritt 1 an, Änderungen vorzunehmen, und nicht bei Schritt 3. Denn Ihre Glaubenssätze bestimmen Ihre Gedanken, Ihre Gedanken bestimmen Ihre Gefühle, Ihre Gefühle bestimmen Ihre Handlungen, Ihre Handlungen bestimmen Ihre Ergebnisse, Ihre Ergebnisse bestimmen Ihr Schicksal – und daraus resultiert Ihr Charakter.

Finanzielles Verhalten

„Wer der Menge folgt, wird gewöhnlich nicht weiter kommen als die Menge. Wer alleine marschiert, wird sich wahrscheinlich an Orten wiederfinden, an denen noch keiner zuvor gewesen ist." – Albert Einstein

Unsere finanzielle Lage verdanken wir demnach unseren Glaubenssätzen, die wir uns nicht selbst ausgesucht, sondern aufgestempelt bekommen haben, von Eltern, Partnern, Freunden oder Medien. Aus diesen Glaubenssätzen resultiert unser Verhalten über Geld. Aber es gibt noch eine weitere Komponente, die unser Verhalten stark beeinflusst: unser persönliches Umfeld. Wie ist das Ausgabeverhalten unserer Freunde? Was wird vorgeschlagen zu unternehmen? Wird der

Vorschlag getätigt, am Wochenende gemeinsam etwas zu unternehmen, wie z. B. in eine andere Stadt zu fahren, ins Fußballstadion zu gehen oder ein Konzert zu besuchen? Dies alles fördert sicherlich die Gruppendynamik sowie die Beziehung zu Ihren Mitmenschen und Sie können dann auf der Arbeit davon erzählen, was Sie am Wochenende tolles unternommen haben. Dadurch steigt Ihr Selbstwertgefühl, da Sie gesellschaftlich anerkannt werden. Dabei sollten Sie sich selbst fragen: Entscheiden Sie selbst, wie Sie Ihr Wochenende gestalten oder entscheiden es andere Menschen für Sie?

Wenn wir uns selbst aussuchen würden, was wir am Wochenende unternehmen, würden wir ggf. aus eigenem Antrieb nicht ins Fußballstadion gehen oder ein Konzert besuchen, aber aufgrund des Freundeskreises, der Mitmenschen oder des Partners wird es dann doch gemacht. Wenn Sie finanziell frei werden wollen, aber anfangs am Wochenende nicht die extra Stunden dafür einbringen, sondern das Leben genießen, ist das eine wunderbare Sache, aber dementsprechend dürfen Sie sich nicht über Ihre finanzielle Lage beschweren. Sie könnten sich das nächste Wochenende blockieren und überlegen, was Sie selbst im Leben wirklich wollen und warum Sie auf dieser Erde sind, also in sich gehen, um Ideen zu generieren, wo Sie in Ihrem Leben hinwollen. Lösen Sie sich von dem ganzen äußeren Lärm und notieren Sie, was Sie vom Leben möchten. Anhand dessen können Sie nun entscheiden, wie Sie Ihre Wochenenden verbringen.

Vermutlich wird es anfangs merkwürdig sein, wenn Sie Ihren Mitmenschen sagen, dass Sie dieses Mal nicht mitkommen, weil Sie ein Buch lesen möchten. Das Gelächter wäre sicherlich in vielen Freundeskreisen groß. Oder wenn Sie sagen würden, dass Sie ein Seminar besuchen möchten, dann werden Sie schnell mit Vorurteilen konfrontiert, wie „Das ist alles Gehirnwäsche", „Alles Geldmacherei" oder Ähnliches. Sie müssen sich nun für etwas rechtfertigen, das Sie gerne tun, weil es Ihnen Spaß macht oder Sie daran interessiert sind. Nehmen Sie es Ihren Mitmenschen nicht übel, denn sie haben Glaubenssätze, die sie nun mal so denken lassen, wie sie denken. Und es wird Ihnen schwer fallen, diese Glaubenssätze bei diesen Personen zu ändern, weil Sie gerade angefangen haben, sich selbst von diesen zu lösen.

Die Menschen, mit denen Sie am meisten

Zeit verbringen werden, verdienen i. d. R. so viel wie Sie. Wenn Sie sich finanziell bilden, müssen Sie in Kauf nehmen, dass Sie sich in einem neuen Kreis befinden werden und mit Ihrem alten nicht mehr so gut harmonisieren, weil Sie eine andere Perspektive von der Welt erlangt haben. Sie werden Gemeinsamkeiten verlieren, die Sie bisher mit den Menschen geteilt haben, denn wir sympathisieren immer mit den Menschen, die vieles so sehen, wie wir es sehen.

Sie können also davon ausgehen, dass sich Ihre Beziehungen zu Ihren Mitmenschen verändern werden, wenn Sie vermögend werden wollen. Sie werden aber neue Kontakte knüpfen. Seien Sie sich dessen bewusst, denn Sie zahlen immer einen Preis. Sie müssen nur überlegen, ob der Preis, den Sie am Ende dafür erhalten werden, mehr wert ist, als der Preis, den Sie am Anfang dafür bezahlen. Entweder Sie ändern nichts und bleiben da, wo Sie sind – der Preis, den Sie zahlen, ist Ihre finanzielle Freiheit – oder Sie ändern etwas und wollen finanziell frei werden. Dann machen Sie sich auf Veränderungen gefasst. Aber machen Sie sich keine Sorgen. Wenn jemand aus Ihrem Freundeskreis sich irgendwann auch dazu entschließen sollte, vermögend zu werden, können

Sie ihm doch die Hand reichen und ihm dabei unterstützen, dieses Ziel zu erreichen oder ihm lediglich als finanzieller Ratgeber zur Seite stehen. Ihre Freunde wären sicherlich dankbar.

Wenn Ihr bisheriges persönliches Umfeld eine negative Einstellung zum Leben hat, hat dies eine negative Auswirkung auf Sie. Mit einem positiven Willen ist es schwierig, ein negatives Umfeld zu durchdringen. Es ist so, als ob Sie unsichtbare Fesseln an den Beinen hätten, die Sie unten halten.

Emotionalität vs. Rationalität

„Von dem Geld das wir nicht haben, kaufen wir Dinge, die wir nicht brauchen, um Leute zu imponieren, die wir nicht mögen." Will Smith

Unsere Entscheidungen, die wir treffen, treffen wir überwiegend aus emotionalen Gründen und selten aus rationalen. Das bedeutet, dass wir häufig Sachen erwerben, nicht, weil wir sie aus funktioneller Sicht benötigen, sondern weil wir uns emotional zu ihnen hingezogen fühlen.

Die Bedürfnispyramide nach Maslow[1] veranschaulicht die einzelnen fünf Ebenen, nach denen Menschen streben.

1. Existenzsicherung
2. Sicherheit
3. Sozialbedürfnisse
4. Anerkennung und Wertschätzung
5. Selbstverwirklichung

An erster Stelle steht die Existenzsicherung. Hier wird Kleidung erworben, um nicht zu erfrieren und etwas zu essen gekauft, um nicht zu verhungern. Auf der zweiten Ebene befinden sich die Sicherheitsbedürfnisse. Unter diesen Bedürfnissen fallen u. a. Wohnen und Arbeit. Zu der dritten Ebene gehören soziale Bedürfnisse wie Gruppenzugehörigkeit, Freundschaften oder Liebe. Auf der vierten Ebene ist die Anerkennung, d. h. es wird ein teures Auto als Statussymbol gekauft und extravagante Kleidung von bestimmten Designern getragen. Auf der fünften und obersten Ebene der Pyramide steht die Selbstverwirklichung. In der Regel positionieren sich die Menschen immer dort, wo sie die unteren Ebenen erfüllen.

---

[1] Vgl. http://www.abraham-maslow.de/beduerfnispyramide.shtml (online abgerufen 28.08.2017)

Jemand, dessen Existenz gesichert ist, durch einen Job und Freunde, sucht vermutlich nach der Liebe, ist also auf der dritten Ebene. Jemand, der eine Partnerin und einen Job hat, wird versuchen, mehr Anerkennung zu erhalten.

Dies verdeutlicht, dass das menschliche Verhalten eher dazu geneigt ist, einen Beruf auszuüben, anstatt sich selbst zu verwirklichen, weil wir in einer solchen Denkstruktur verharren. Wie man sich denken kann, sind Produkte für die jeweiligen Ebenen unterschiedlich teuer. Etwas, dass die Existenz sichert, ist deutlich günstiger, als ein Statussymbol.

Ein Auto hat die Funktion uns von A nach B zu transportieren. An sich ist es funktionell, aber Menschen zahlen große Summen für ein Auto, weil es als Statussymbol vermarktet wird. Somit fallen viele Kaufentscheidungen emotional aus. Ein teures Auto wird häufig gekauft, da in der Werbung gezeigt wird, dass es Frauen anziehend finden. Somit ist die Intension dahinter, dieses Auto zu kaufen, häufig attraktiv auf andere zu wirken und selten, weil man das Auto selber haben möchte. Sie sollten sich nur die Sachen kaufen, die Sie begehren. Wenn das ein Ferrari ist, dann kaufen Sie sich ihn.

Der Frau wird teurer Schmuck schmackhaft gemacht, der Sie einzigartig fühlen lassen soll. Ein Haus für die Familie dient zur Sicherheit und verbessert die Harmonie in der Familie. In den Werbungen sehen diese Familien immer so glücklich aus.

Gute Verkäufer wissen, dass die meisten Menschen emotionale Kaufentscheidungen treffen und keine rationalen. Bei größeren Anschaffungen, wie einem Auto oder einer Immobilie, müssen die finanziellen Entscheidungen rational getroffen werden.

Finanzielle Dinge sind rational. Wenn Sie ein Kind in einen Raum setzen und dort ein Stück Schokolade vor ihm liegt, verbieten Sie dem Kind die Schokolade zu essen. Sie versprechen dem Kind, gleich wieder zu kommen und wenn das Stück Schokolade weiterhin noch da ist, erhält es ein zusätzliches Stück Schokolade. Häufig agieren wir hier wie Kinder und greifen einfach zur Schokolade, weil wir der Versuchung nicht widerstehen können. Finanzen funktionieren aber genau andersherum. Hier gilt es, sich Informationen einzuholen und anhand der ausgewerteten Informationen eine Kaufentscheidung zu treffen und nicht aus dem Bauch heraus. Erfolgreiche Investoren wie Warren Buffet oder George Soros analysieren erst alles genau, bevor Sie kaufen. Sie agieren somit rational. Dies ist der Grund, warum Sie finanziell gut dastehen.

Aufgaben:

- Verinnerlichen Sie das Geld lediglich ein Tauschmittel, eine Währung ist
- Notieren Sie sich Ihre bisherigen finanziellen Glaubenssätze und beseitigen Sie die negativen durch neue positive Glaubenssätze
  Helfen Sie einer Person, um in den Gebemodus zu kommen

2. DER TEUFELSKREIS

Unser Bildungssystem

„Kinder möchten nicht wie Fässer gefüllt werden, sondern wie Leuchten entzündet."
Francois Rabelais

Der Werdegang bis zur 10ten oder 12ten Klasse sieht wie folgt aus: Kindergarten, Grundschule, Hauptschulen / Realschulen / Gymnasien. Die gesetzliche Schulpflicht in Deutschland beläuft sich auf neun bis zehn Jahre.[2] Wir dürfen uns dem nicht entziehen, weil es gesetzlich geregelt ist, dass wir diesen Weg bestreiten müssen. Bestimmte Inhalte, die in der Schule gelehrt werden, sind wichtig, aber leider überwiegen die negativen Lehrinhalte.

In der Schule lernen wir keine Fehler zu machen, damit wir einen Test bestehen und in die nächste Klasse versetzt werden. Es geht darum, sich Inhalte einzuprägen, auf das Papier zu schreiben und dann wieder zu vergessen. Wo ist dabei der Lerneffekt, wenn

---

[2] Vgl. https://www.das.de/de/rechtsportal/schule-und-unterricht/schulpflicht/wie-lange.aspx (online abgerufen 25.08.2017)

wir die gelernten Inhalte nicht behalten und anwenden können? Die Theorie dient uns eigentlich dazu, Dinge in der Praxis einfacher zu gestalten.

Stattdessen lernen wir etwas, was für den Lehrer wichtig erscheint und schreiben genau das hin, was der Lehrer uns im Unterricht gelehrt hat. Wir lernen zu rechnen, aber wir haben keine Ahnung von Finanzen. Wenn Sie Tiger Woods zufällig auf dem Golfplatz treffen würden und er Ihnen vorschlagen würde, ein kleines Match zu bestreiten, würden Sie sich wahrscheinlich darauf einlassen. Er schlägt vor, 18 Löcher zu spielen und mit 10 Cent Starteinsatz zu spielen. Bei jedem Loch wird der Einsatz verdoppelt. Würden Sie dem zustimmen? Höchst wahrscheinlich ja, auch wenn Sie wissen, dass Sie verlieren, aber es ist ja Tiger Woods. Mit dieser Entscheidung haben Sie gerade 13.107,20 Euro verloren. Obwohl wir gelernt haben zu rechnen, fällt es uns schwer, zu rechnen.

Wir lernen nichts über Beziehungen und nichts über unsere Gesundheit. Aber wir wissen, wie ein Satz im Plusquamperfekt gebildet wird. Nach einiger Zeit wird vieles nicht mehr hinterfragt, sondern einfach hingenommen, was für das spätere Leben fatal ist.

Wenn alle Menschen in einem solch veralteten Bildungssystem ausgebildet werden, ist der Output nicht sonderlich groß im Verhältnis zum Input. Denn die meisten Lehrer sind keine Unternehmer und in den meisten Fällen auch nicht vermögend. Ein Schüler kann nur so gut werden, wie sein Meister bzw. sein Lehrer. Es gibt einige Lehrer/Dozenten oder Professoren, die ihrer Tätigkeit mit Herz und Seele nachgehen. Ich hatte das Glück, auch so einen Professor zu haben. Von solchen Menschen kann viel gelernt werden. Diese Menschen findet man allerdings nur selten in den verschiedensten Berufsgruppen.

In der Prüfung wird das Wissen abgerufen, das in einem Buch bereits vorhanden ist. Ein Lehrer, der Marketing lehrt, arbeitet mit Buch X, ein anderer mit Buch Y. Je nachdem, welchen Lehrer man hat, müssen die Inhalte von Buch X oder Buch Y gelernt werden. Die Person, die das Buch X oder Buch Y geschrieben hat, hat vielleicht selbst keine großen Kenntnisse im Bereich Marketing. Aber der Stoff muss gelernt werden und so codieren wir uns mit falschen Informationen.

Wer brav seine Hausaufgaben macht, im Unterricht ruhig sitzen bleibt und das macht, was von einem gefordert wird, hat später eine gute Chance, finanziell arm zu bleiben. Kinder, die sich anders verhalten, als es ‚normal' zu sein scheint, wie z. B., dass sie nicht ruhig sitzen können, ihre Lehrer unterbrechen, impulsiv sind und antworten, ohne sich die Fragen komplett angehört zu haben, denen werden Medikamente verschrieben wie z. B. Ritalin, damit das Kind sich genauso verhält, wie alle anderen Kinder. Jeder Mensch ist einzigartig und individuell. Warum wird versucht, dass wir von klein auf bereits alle gleich sein sollen?

Nach der Schule werden wir mit so viel Neuem konfrontiert und hinterfragen nichts mehr weil wir verlernt haben, etwas zu hinterfragen. Welche Versicherungen benötige ich, wie baue ich ein Unternehmen auf, wie führe ich eine Beziehung usw. Sobald man zehn Jahre durch das Schulsystem und länger geschleust wurde, wurde die eigene Festplatte, die leer war, mit vielen Viren infiziert. Um die Festplatte zu decodieren und neu zu codieren, wird die Eigenschaft benötigt, etwas zu hinterfragen und reflektiert zu sein.

Die einzige Möglichkeit, die wir lernen, um

vermögend zu werden, ist, in ein Angestelltenverhältnis zu treten und die Karriereleiter im Konzern zu erklimmen. Das ist die einzige Option, die uns in der Schule gelehrt wird. Wer mehr verdienen möchte, der muss es mit Aktien oder ähnlichem versuchen, aber der Finanzmarkt ist komplex und kompliziert. Dies wird nicht in der Schule und Uni beigebracht.

Im echten Leben werden Fehler gemacht, aus den Fehlern gelernt und man geht so seinen Weg. Warum haben wir dann Angst, Fehler zu machen, wenn wir daraus lernen? Diese Trial-and-Error-Mentalität wird in Deutschland nicht befürwortet, denn man versucht im Leben lieber nichts zu riskieren, sei es geschäftlich (Unternehmensgründung z.B.) oder privat (eine sehr attraktive Frau ansprechen), anstatt es zu versuchen und zu scheitern.

Anstatt sich frei entfalten zu können, werden Schüler/Studenten mit Stoff erdrückt, der irrelevant ist und somit die kreative Ader daran hindert, sich zu entfalten. Es werden Inhalte unterrichtet, die veraltet sind und nicht auf die Berufe vorbereiten, die es in der Zukunft geben wird. Der Arbeitsmarkt kann nicht bedient werden, weil kein qualifiziertes

Personal vorhanden ist.

Das Hamsterrad

„Wer den ganzen Tag arbeitet, hat keine Zeit Geld zu verdienen." – John D. Rockefeller

Am Ende des Geldes ist noch so viel Monat übrig. So ist es bei den meisten Menschen. Langfristig ist Zeit gegen Geld einzutauschen nicht besonders klug, wie Sie ja wissen. Die Armen und der Mittelstand arbeiten für ihr Geld, die Reichen hingegen lassen das Geld für sich arbeiten. Der durchschnittliche Nettoverdienst privater Haushalte liegt in Deutschland bei 1840 Euro netto.[3] Wenn Sie im Angestellten-Verhältnis sind, ist es verdammt schwierig, vermögend zu werden. Sie arbeiten ja für jemand anderes und nicht für sich selbst, dadurch machen Sie nur Ihren Chef reicher. Je mehr Sie arbeiten, desto mehr erhalten Staat, Banken und Aktionäre.

---

[3]Vgl.:http://de.statista.com/themen/293/durchschnittseinkommen/ (online abgerufen am 07.09.2017)

Verstehen Sie mich nicht falsch: Berufe wie Kassierer, Bäcker oder Kellner sind wichtig; aber wenn Sie an der Kasse sitzen und schneller piepen als Ihr Kollege, werden Sie dadurch trotzdem nicht mehr verdienen. Es gibt auch Berufe, bei denen ein Stücklohn bezahlt wird. Hier können Sie zwar schneller arbeiten, aber umso mehr Sie fertigen, umso eher benötigen Sie auch mal eine Pause. Am Ende läuft es ungefähr auf das Gleiche hinaus. Job ist lediglich eine Abkürzung für Just over broke. **Wenn Sie finanzielle UNABHÄNGIGKEIT erlangen wollen, ist es schwierig, wenn Sie vom Gehalt Ihrer Firma ABHÄNGIG sind.**

Schauen wir uns doch einmal einen normalen Arbeitstag an: Sie stehen um 07:00 Uhr auf, machen sich in einer Stunde fertig, gehen um 08:00 aus dem Haus und benötigen eine Stunde zur Arbeit. Dort arbeiten Sie acht Stunden und haben eine Stunde Pause. Also sind Sie von 09:00 bis 18:00 Uhr auf der Arbeit. Von dort benötigen Sie eine Stunde zurück und wären um 19:00 Zuhause. Durchschnittlich schlafen Menschen acht Stunden, also würden Sie um 23:00 Uhr ins Bett gehen. Von 19:00 bis 23:00 haben Sie vier Stunden für sich. Sie nutzen die Zeit vermutlich mit Ihrem Partner oder Ihren

Kindern, oder Sie erledigen noch Dinge, die gemacht werden müssen. Nur 4 von 24 Stunden gehören Ihnen. Einige arbeiten sogar noch den halben oder sogar ganzen Samstag. Sie verbringen also fünf oder sechs Tage Ihrer Woche komplett mit Ihrem Beruf. Die freie Zeit nach der Arbeit nutzen die wenigsten, um vielleicht zum Sport zu gehen, Bücher zu lesen oder ihr Themengebiet weiter zu studieren. Sie sind einfach erschöpft von der Arbeit und wollen nur in Ruhe etwas essen, fernsehen oder ihr Feierabend-Bierchen genießen.

Die einzige Idee, die Ihnen in den Sinn kommt, um mehr Geld zu verdienen, wäre, einen Nebenjob anzunehmen oder die Karriereleiter hinaufzuklettern. Wenn Sie die Karriereleiter erklimmen wollen, um mehr Geld zu verdienen, werden Sie mehr Stunden pro Woche arbeiten müssen. Aus einer 40-Stunden-Woche wird eine 45-Stunden-Woche oder auch eine 50-Stunden-Woche. Sie verdienen zwar mehr Geld, aber möglicherweise belohnen Sie sich auch dementsprechend mehr. Sie fahren jetzt eventuell in der ersten Klasse im Zug statt nur in der zweiten. Irgendwann kommt der Punkt, an dem Ihnen eine Gehaltserhöhung nicht mehr so lukrativ erscheint wie bisher, sondern Sie mehr Freizeit bevorzugen. Sie tauschen erst Zeit gegen Geld, dann Geld gegen Zeit. Des Weiteren müssen Sie Aufgaben machen, die erledigt werden müssen, aber gar nicht Ihren Stärken entsprechen. Dadurch, dass Sie diese Aufgaben nicht so gerne machen, wird das Ergebnis auch nicht so gut ausfallen, aber es muss ja gemacht werden. Ungefähr 96% der Menschen leben in einer solchen „Box" und sind gefangen in ihrem Job.

Ich kann Sie durchaus verstehen, dass Sie Angst haben, Ihren jetzigen Beruf zu kündigen. Wenn Sie im Angestellten-Verhältnis sind, dann sollten Sie Ihren Job nicht nach der Höhe des Gehalts auswählen, sondern danach, was Sie dort lernen können und mit welchen Menschen Sie zusammenarbeiten werden. Nur dadurch bauen Sie Ihre Stärken aus und steigern Ihren Marktwert. Wenn Sie während eines Vorstellungsgesprächs das Gefühl haben, dass Sie von dem Menschen, der Sie einstellt, nichts lernen können, dann blasen Sie das Ganze ab. Hören Sie auf Ihren Instinkt.

Verstehen Sie mich nicht falsch, einige Menschen sind mit einem Angestellten-Verhältnis sehr zufrieden, was auch toll und gut ist. Sie haben eine andere Perspektive im Leben, eine andere Life Balance und fühlen sich anerkannt in ihrem Unternehmen. Sie steigen die Karriereleiter auf und erhalten dadurch eine hohe gesellschaftliche Anerkennung, welche ihnen wichtiger als ein hohes Vermögen ist. Es gibt unterschiedliche Menschentypen; die einen sind eher dafür geeignet in einem Konzern Karriere zu machen, die anderen eher dafür, sich selber etwas aufzubauen. Ich möchte Ihnen nur verdeutlichen, dass es einfacher ist finanziell frei zu werden, wenn Sie für sich selbst arbeiten.

Das Persönliche Umfeld

„Sei vorsichtig mit der Wahl deines Umfeldes, weil es dich formen wird. Sei vorsichtig in der Wahl deiner Freunde, weil du werden wirst wie sie." – W.Clement Stone

Die fünf bis sechs Leute, mit denen Sie am meisten Zeit verbringen, spiegeln Sie auch wider. Das, was diese Menschen verdienen, werden Sie in etwa auch verdienen. Den größten Einfluss auf uns hat unser Umfeld. Wählen Sie also sorgfältig aus, mit wem Sie Ihre Zeit verbringen.

Umgeben Sie sich mit Menschen, die deutlich mehr verdienen als Sie. Sie werden automatisch Wege finden, um mehr zu verdienen, weil es uns allen extrem wichtig ist, nicht aus einer Gruppe ausgeschlossen zu werden. Eines der tiefsten Bedürfnisse des Menschen ist Anerkennung. Sie wollen ein fester Bestandteil einer Gruppe werden und deswegen Wege finden, um mehr zu verdienen.

Ein simples Beispiel: Wenn es Ihr Ziel ist, mit der deutschen Nationalmannschaft Weltmeister zu werden, dann werden Sie mit einem Manuel Neuer, Thomas Müller oder Marco Reus zusammenspielen. Wenn Sie der Bundestrainer ins Team aufstellen möchte, dann fragen Sie ihn ja auch nicht, ob Ihr Freund mitspielen kann, der in der Kreisliga kickt. Sie können nur Weltmeister werden, wenn Sie mit den Besten zusammenspielen. Ansonsten machen Ronaldo oder Messi Sie im Finale fertig.

Wenn Sie das Ziel haben eine bestimmte Summe zu verdienen, dann müssen Sie sich mit Menschen umgeben, die so viel verdienen oder so ein Vermögen haben. Umgeben Sie sich mit erfolgreicheren Menschen als Sie selbst, denn sonst werden Sie es nicht schaffen. In Deutschland gibt es ungefähr 1.000.000 Millionäre, sprich jeder 82. Deutsche ist ein Millionär. Suchen Sie diese Menschen und umgeben Sie sich mit ihnen. Wenn Sie meinen, dass das zu hart wäre und Sie mit Ihren Freunden weiterhin genauso viel Zeit verbringen wollen wie bisher, dann haben Sie eine tolle Entscheidung getroffen, denn Sie sagen Ja zu Ihren Freunden. Wenn Sie aber erfolgreich werden wollen und etwas Großartiges erreichen wollen, dann sagen Sie nicht Nein zu Ihren Freunden, sondern Ja zu sich selbst. Man kann immer noch Zeit mit seinen Freunden verbringen, aber konzentrieren Sie sich vor allem auf sich selbst und die Frage, wo Sie hin wollen.

Sie müssen sich nur wirklich bewusst sein, was Sie wollen, dadurch wird Ihnen die Entscheidung einfacher fallen. Richtige Freunde würden Sie dabei unterstützen. Stellen Sie sich vor, Sie bekommen ein Baby. Sie waren neun Monate schwanger und Ihr Kind ist jetzt Ihr Traum. Sie ernähren sich nun anders und trinken auch keinen Alkohol mehr wegen des Kindes (Ihres Traumes). Sie werden nicht mehr so viel Zeit mit Ihren Freunden verbringen können wie vorher, weil Ihr

Kind (Traum) Ihre ganze Zeit beansprucht. Echte Freunde schenken Ihrem Kind etwas und unterstützen Sie dabei. Sie können jetzt nicht mehr das machen, was Sie vorher gemacht haben. Wenn Ihre Freunde sagen, dass Sie zu wenig Zeit haben, was wollen Sie machen? Wollen Sie Ihr Kind (Traum) vernachlässigen, damit Sie wieder mehr Zeit mit Ihren Freunden verbringen wollen? Schmeißen Sie Ihren Traum nicht weg!

Medien, Banken und Politik

„Würden die Menschen das Geldsystem verstehen, hätten wir eine Revolution noch vor morgen früh." – Henry Ford

Die Medien sind ein mächtiges Werkzeug, denn durch sie wird die Meinung der Masse beeinflusst. Unsere Bundeskanzlerin nutzte das, um 2008 einen Bankrun zu verhindern.[4]

Denn die Sparer und Anleger fürchteten um ihr Kapital und wollten ihre Gelder abziehen.

---

[4] Vgl. http://www.spiegel.de/wirtschaft/merkel-und-steinbrueck-im-wortlaut-die-spareinlagen-sind-sicher-a-582305.html (online abgerufen 22.08.2017)

Daraufhin stellten sich Frau Merkel und Herr Steinbrück vor die Kameras und gaben das Versprechen, dass unsere Einlagen sicher seien, damit die Gelder auf den Konten blieben. Ein cleverer Schachzug, welcher aber nicht der Wahrheit entsprach.

Wenn Sie mit dem Auto von Hannover nach München fahren wollen, wird Ihnen auf der Straßenkarte nicht jede einzelne Straße angezeigt, sondern nur die Straßen oder Autobahnen, die für Sie relevant sind, um dorthin zu gelangen. Es ist ein vereinfachtes Modell und das Gleiche möchte ich Ihnen mit unserer Geldpolitik zeigen.

Die einzigen Institute, die Geld drucken oder schaffen können, sind die Zentralbanken und die Notenbanken. In Europa haben wir dafür die Europäische Zentralbank (EZB) und die normalen Banken, bei denen Sie Ihre Konten haben. Die EZB setzt einen Leitzins fest, zu dem sich Banken und Unternehmen Geld leihen können. Angenommen, der Leitzins läge bei 5% und ein Unternehmen würde sich 100 Euro von der EZB leihen, um nach einem Jahr das Geld zurückzuzahlen. Dann müsste das Unternehmen nach Ablauf dieses Jahres 105 Euro zurückzahlen. Schön und gut, aber es sind nur 100 Euro im Umlauf. Deshalb müssen die Geschäftsbanken, Unternehmen oder Bürger entweder neue Schulden aufnehmen, um die alten Zinsen tilgen zu können, oder sie leihen das Geld weiter für einen höheren Zinssatz. Und Sie selber wissen, wie teuer es ist, bei der Bank einen Kredit aufzunehmen. Wenn Sie bei einer Bank Ihr Geld anlegen, hat die Bank das Recht dazu, einen gewissen Teil davon weiter zu verleihen. Die Bank muss zwar eine bestimmte Mindestreserve zurücklegen, darf aber den restlichen Teil weiter verleihen.

Wenn alle Menschen ihr Geld von den Konten holen würden, würde das Bankensystem zusammenbrechen. In Griechenland wurden eine Zeit lang Kapitalverkehrskontrollen eingeführt, die besagten, dass sich die Bürger dort am Tag nur 60 Euro auszahlen lassen können.[5] Denn dort herrschte genau das Problem des Bank Runs. Die Menschen waren, aufgrund der schlechten wirtschaftlichen Lage, in Panik und wollten alle zeitgleich ihre Gelder abziehen, was zu einem Zusammenbruch der Bank geführt hätte, weil die Gelder

[5] Vgl.: http://www.zeit.de/wirtschaft/2015-08/griechenland-hilfspaket-union-abstimmung-bundestag-kapitalmarkt-finanzkontrolle (online abgerufen 29.08.2017)

nicht vorhanden waren.

Aus diesem Grund wurde die Auszahlung pro Person auf 60 Euro maximal am Tag beschränkt. Es ist deutlich mehr Giralgeld (Buchgeld) im Umlauf, als es wirklich gibt.

Wenn Sie sich die Nachrichten anschauen, sehen Sie immer wieder schlimme Meldungen wie Zugunglücke, Bürgerkriege oder Betrügereien. Fragen Sie sich, ob das, was Sie da konsumieren, zielführend ist. Es ist allemal traurig, was dort draußen passiert in der Welt, aber indem man sich mit den Arbeitskollegen darüber unterhält, wird es nicht besser.

Die Medien besitzen eine enorme Macht und setzen den Menschen falsche Bilder in den Kopf. Dadurch erhalten sie ein falsches Weltbild. Seit dem 11. September 2001 glauben viele, dass Terror mit dem Islam verbunden ist, weil das Flugzeug von Islamisten entführt worden ist. Dieses Bild wurde durch die Medien geprägt. Was wäre jedoch, wenn diese Aktion von einem Hindu durchgeführt worden wäre. Wahrscheinlich würden alle glauben, dass die Hindus nicht mehr alle Latten am Zaun haben, weil sie sich alle selbst töten und an die Wiedergeburt glauben.

Wenn Sie Nachrichten schauen, sind Sie nicht informiert, sondern falsch informiert.

Warum berichten Medien denn so viel Negativität nach außen? Medien sind auch Unternehmen, die auf Gewinnmaximierung aus sind und wissen, dass negative Presse sich schneller verbreitet als positive. Was glauben Sie macht schneller die Runde? Wenn Ihr Kind hervorragende schulische Leistungen erzielt oder ein Drogenproblem hat? Das bedeutet, mediale Unternehmen müssen schauen, das die Nachrichten, die sie veröffentlichen, den Zuschauer unterhalten und diese auch in der Zukunft konsumieren. Es geht somit um Einschaltquoten im TV, denn umso höher die Einschaltquote eines Senders ist, umso höher die Reichweite des Senders. Nun kommen Unternehmen und zahlen eine Menge Geld an diese Sender, um ihre Produkte vor und nach ihrer Sendung zu bewerben.

Wenn Sie an einem Kiosk vorbeigehen und den Titel der Zeitung lesen, soll es Sie dazu animieren zu kaufen. Vielleicht steht dort „Mann von U-Bahn drei Stationen mitgerissen", also etwas schockierendes, um die Aufmerksamkeit zu erregen. Das, was inhaltlich dann in den Zeitungen enthalten ist, sind Informationen, die für uns nicht von Relevanz sind. Die meist verkaufte Zeitung ist die BILD Zeitung. Sie enthält keine bedeutenden Informationen, aber sie ist unterhaltsam. Aus verkäuferischer Sicht macht die Zeitung alles richtig, denn sie setzt am meisten ab. Dennoch sollten Sie sie nicht lesen, weil Sie dadurch ein falsches Bild davon erhalten, was relevant ist und was nicht.

Auch Filme prägen uns stark, denn häufig werden vermögende Menschen als Bösewichte dargestellt und arme Menschen als sympathisch. Der Film Titanic dient als einfaches Beispiel. Leonardo DiCaprio, ein armer Streuner, der seine Tickets für die Titanic einem glücklichen Händchen beim Pokern verdankt, wird als Held gefeiert. Der reiche Typ, der von Billie Zane gespielt wird, möchte im Film die bezaubernde Kate Winslet heiraten. Allerdings scheint er ein kaltherziger, gieriger Geschäftsmann zu sein, der meint, die Welt sei käuflich.

Da Filme häufig Charaktere dementsprechend nach außen präsentieren, prägen wir uns so etwas unbewusst ein und bevorzugen es lieber, sympathisch als vermögend zu sein. Das eine hat jedoch nichts mit dem anderen zu tun. Es gibt genügend Menschen, die uns sympathisch sind, die arm oder reich sind und es gibt genügend Menschen, die arm oder reich sind, die uns unsympathisch sind. Allerdings nehmen wir durch solche Filme irgendwann nur noch arme sympathische Menschen wahr und reiche unsympathische. Leonardo DiCaprio ist im echten Leben extrem reich und trotzdem macht er einen sympathischen Eindruck, oder? Dass er auf viele sympathisch wirkt, ist unabhängig davon, wie hoch sein Kontostand ist, sondern es liegt lediglich an seiner Persönlichkeit.

Führen Sie folgende Übung durch: Lesen Sie eine Woche lang keine Zeitung und schauen Sie keine Nachrichten, denn dort wird sehr viel Negativität verbreitet. Dadurch stärken Sie Ihre falschen Glaubenssätze.

Glauben Sie nicht allen Geschichten, die man Ihnen erzählt. Wenn die Politik meint, dass ein Mindestlohn von 8,50 Euro eingeführt werden soll, was glauben Sie, welche Zielgruppe sich am meisten freut? Genau, diejenigen, die weniger als 8,50 Euro verdienen. Die anderen, die deutlich mehr verdienen, befürworten es auch, weil sie es gut meinen.

Dadurch entsteht langfristig gesehen jedoch Arbeitslosigkeit. Wenn Sie bereit wären, für 7 Euro zu arbeiten, und es ein Unternehmen gibt, das Sie einstellen will, wurde ein Arbeitsplatz vermittelt. Wenn der Staat aber einen Mindestlohn von 8,50 Euro setzt, ist es für das Unternehmen unter Umständen nicht mehr profitabel genug und Sie erhalten keinen Arbeitsplatz.

Und wer befürwortet diese Mindestlohnpolitik? Natürlich diejenigen, die weniger verdienen, und viele andere, die meinen, dass es „fair" sei. Sie schaufeln sich ihr eigenes Grab. Kurzfristig können die Preise angehoben werden, um die zusätzlichen Personalkosten zu decken, langfristig entsteht jedoch Arbeitslosigkeit. Es wird alles auf den Konsumenten abgewälzt, also auf Sie. Was kümmert es Leute, die 20 Euro die Stunde verdienen? Für diese ist es egal oder sie stimmen sogar selbst für den Mindestlohn, weil eine finanzielle Missbildung in Deutschland herrscht. Ein großer Fehler. Die Politik setzt solche Dinge um, um wieder gewählt zu werden. Ist das nicht Manipulation? Möglich, aber so funktioniert Politik.

Ein Markt regelt sich von alleine, wie eine

unsichtbare Hand. Wenn der Staat hier eingreift, entsteht Schattenwirtschaft (Schwarzarbeit) und Arbeitslosigkeit. Konzentrieren Sie sich deshalb nicht darauf, was die Politik macht, was die Medien Ihnen erzählen oder was die Banken Ihnen anbieten. Sie wissen teilweise selbst nicht, was sie machen, und verstecken sich hinter Fremdwörtern, die keiner verstehen soll. Sie erheben immer mehr Steuern, weil die Gesamtschulden aufgrund des Zinseszinses schneller wachsen als die Einnahmen. Umsatzsteuer, Lohnsteuer, Einkommenssteuer, Gewerbesteuer, Energiesteuer, Erbschaftssteuer usw. Durch die ganzen Steuern wird den Bürgern und den Unternehmen die Luft zum Atmen genommen. Der Solidaritätszuschlag wurde damals erhoben, um die Wiedervereinigung zu finanzieren. Heute ist diese Steuer nicht mehr zweckgebunden, d.h. die Politik darf diese Steuereinnahmen so verwenden, wie sie es möchte. Steuern machen in einem gewissen Maße Sinn, aber Sie sollten auch dafür verwendet werden, wofür Sie vorgesehen sind. Die Politik hat ihre Macht längst in die Hände der Finanzwelt übergeben. Sie ist lediglich eine Marionette, denn sie ist genauso abhängig vom Geld wie der Angestellte von seinem Gehalt.

Wer mit dem Begriff Kapitalismus konfrontiert wird, dem kommen häufig negative Gedanken auf, da medial das Wort Kapitalismus negativ verunstaltet worden ist. Der Gegenpol zum Kapitalismus ist der Sozialismus. Freie Marktwirtschaft versus Zentrale Planwirtschaft: keine im Extremen oder in ihrer Reinform ist vorteilhaft. Aber Kapitalisten sind in erster Linie lediglich Menschen bzw. Unternehmen, die nach Gewinnmaximierung aus sind. Daran ist nichts Verwerfliches, da dies häufig, nicht immer, nur mit guten Produkten oder guten Dienstleistungen möglich ist.

Gegen Kapitalisten wird häufig ein Groll erhoben und man neigt eher zum Gegenpol; die Menschen bleiben lieber arm, wie alle anderen, anstatt vermögender zu sein, aber nicht so vermögend wie andere, weil diese deutlich mehr Gas in ihrem Leben geben. Das ist die Denkstruktur des Menschen. Stellen Sie sich vor, Sie sind in einer Testgruppe, in der zehn Leute sind. Sie haben nun die Wahl, ob der Test durchgeführt werden soll oder nicht. Entweder bekommen neun von zehn Leuten 10 Euro und einer bekommt 50.000 Euro geschenkt. Sie werden es aber definitiv nicht sein, der die 50.000 Euro bekommt. Sie haben nun die Wahl, ob der Test durchgeführt werden soll oder nicht. Für was würden Sie sich entscheiden und warum? Viele würden die 10 Euro nicht annehmen, da Sie keinen großen Vorteil darin sehen und neidisch auf die Person sind, die die 50.000 Euro erhält. Aufgrund des Gefühls bzw. des Empfindens neigen Menschen dazu, aus Win-win-Situationen lieber Lose-lose-Situationen zu bevorzugen. Sie agieren emotional, nicht rational. Es ist nicht schlimm, dass man so denkt, denn viele denken so. Aber Sie stehen somit nicht besser da als vorher, sondern Sie stehen wirtschaftlich schlechter da als vorher.

Wenn der Staat Regelungen vorgibt, wie Mindestlöhne, Mietpreisbremsen o. Ä. hemmt dies die Wirtschaft. Wenn die Miete auf einen maximalen Preis gedeckelt wird, werden viele Menschen diesen lukrativen Markt nicht mehr bedienen. Der Staat hat hier Angst, dass die Miete nicht bezahlbar wird. Wenn die Miete immer höher wird, heißt es, dass der Markt immer lukrativer wird und Investoren angezogen werden, in Immobilien zu investieren und diese Nachfrage nach Wohnungen zu bedienen. Wenn mehrere Investoren nun Immobilien bereitstellen, wächst das Angebot. Entweder steht ein geringes

Angebot einer hohen Nachfrage gegenüber oder ein wachsendes Angebot einer hohen Nachfrage. Das bedeutet, dass mit der Zeit der Mietpreis wieder zu einem normalen Preis fällt, den jeder zahlen kann. Allerdings steht durch diese Barriere der Planwirtschaft ein geringes Angebot einer weiterhin hohen Nachfrage gegenüber. Warum sollten Sie in Immobilien investieren, wenn der Staat Ihnen eine maximale Miete vorgibt? Die Folge ist: Investoren bleiben fern.

Das bedeutet, wenn der Staat zu sehr die Wirtschaft einschränkt mit Vorgaben und Regulierungen, wie Mindestlöhne oder Mietpreisbremsen, hemmt das unsere Wirtschaft. Und dies ist der Gegenpol des Kapitalismus, den viele unbewusst befürworten. Blicken wir zurück, als in den deutschen Supermärkten, die Produkte, die in den Regalen standen, von der Regierung bestimmt wurden. Sie gab vor, welche Produkte in welchen Mengen dort stehen sollten. Wenn die Regierung Preise und Löhne festsetzt, kann das schlimme Folgen haben.

Die durchschnittliche Fernsehzeit beläuft sich auf drei bis vier Stunden pro Tag. Ich frage mich, woher man diese Zeit nehmen kann. Aber anscheinend nehmen sich die Menschen einfach diese Zeit. Wenn sie jeden Tag ihre Festplatte mit so vielen Viren infizieren, dann liegt eine Menge Arbeit vor ihnen. Der erste Schritt ist jedoch dabei, dies zu erkennen. Anstatt sich ‚Abenteuer Leben' anzuschauen, sollten Sie selbst Abenteuer erleben, statt ‚Zuhause im Glück' zu schauen. Finden Sie Ihr eigenes Glück zuhause. Aus diesem Grund empfehle ich Ihnen: Wenn Sie zu Hause so eine Einkommensvernichtungsmaschine (Fernseher) haben, nehmen Sie ein Brecheisen zur Hand und toben Sie sich aus. Glauben Sie mir, das wird Ihnen Spaß machen.

Wir haben bis hierhin gelernt, dass unsere Glaubenssätze und Denkweise ausschlaggebend dafür ist, ob wir vermögend werden oder nicht. Wenn wir daran arbeiten, unsere Glaubenssätze zu ändern und dadurch unsere Denkweise bzgl. Geld zu ändern, ist der erste bedeutende Schritt getan. Dies ist ein Prozess, der länger dauert und nicht von heute auf morgen geändert werden kann. Wenn Sie z. B. 25 Jahre alt sind, können Sie sich wahrscheinlich bis zum 5. oder 6. Lebensjahr zurück erinnern. Sie haben ca. 20 Jahre einen falschen Eindruck über Geld gewonnen, 20 Jahre lang wurden Aussagen über Geld verbreitet, die falsch sind. Deshalb dauert es eine Weile, bis dieses Denken geändert werden kann. Sie können nun besser nachvollziehen, warum Sie sich finanziell so verhalten, wie Sie es derzeit tun. Das Bildungssystem, das wir kennengelernt und durchlebt haben, bereitet uns auf die finanzielle Armut vor.

Es spielen mehrere Faktoren eine Rolle, die das Fundament bilden, um vermögend zu werden. Beschäftigen Sie sich mit etwas, was Ihnen Spaß macht. Wenn Sie aus beruflichen Gründen kaum Zeit dazu haben, dann investieren Sie täglich 30 Minuten oder 1 Stunde. Wenn Sie dies konstant durchziehen, werden sich einige Türen für Sie öffnen, es ist nur eine Frage der Zeit. Machen Sie nicht den Fehler und gehen in einen Markt, für den Sie kein Interesse haben, aber wo viel Geld zu holen ist. Wenn etwas gehyped wird, wie z. B. Pokemon Go vor einiger Zeit, versuchen alle in diesen Markt zu springen und viel Geld zu verdienen. Sie sind immer auf der Jagd nach Geld.

Allerdings sollten Sie sich überlegen, woher das ganze Geld kommt. Von wem stammt das Geld, das Ihr Chef Ihnen zahlt? Von wem erhalten Sie Geld, wenn Sie selbstständig sind? Immer von anderen Menschen. Wenn Sie ein wenig Geld verdienen wollen, dann helfen Sie wenigen Leuten. Wenn Sie etwas mehr verdienen möchten, dann helfen Sie etwas mehr Leuten und wenn Sie viel Geld verdienen wollen, dann helfen Sie vielen Leuten; eine simple Rechnung.

Falls Sie z. B. einen Blog veröffentlichen, mit der Absicht, dass Unternehmen Ihnen Geld zahlen, damit Sie Werbung bei ihnen schalten können, ist das meiner Meinung nach ein falscher Ansatz. Stattdessen sollten Sie in dem Blog versuchen, Mehrwert zu liefern, versuchen einem Leser ein Problem zu lösen. Das heißt, wenn Sie einen guten Mehrwert liefern, Probleme anderer Menschen lösen, gute Produkte anbieten oder gute Dienstleistungen anbieten, dann werden Sie langfristig gewinnen. Fangen Sie etwas an, um anderen zu helfen, mit etwas, was Sie gut können, anstatt etwas zu tun, um Geld zu verdienen.

Übersicht der Aufgaben:

- Schauen Sie für eine Woche keine Nachrichten und lesen Sie keine Zeitung.
- Reflektieren Sie sich selbst und hinterfragen Sie die Dinge.
- Glauben Sie nicht alles was Ihnen erzählt wird, egal ob es ein Professor oder Arzt ist.

Merke:

- Zeit gegen Geld zu tauschen ist langfristig kein guter Deal, da Ihre Zeit begrenzt ist. Durch mediale Informationen sind Sie nicht informiert, sondern falsch informiert.

3. FAKTOREN FÜR DEN FINANZIELLEN ERFOLG

„When you want to succeed as bad as you want to breathe, then you will be successful." - Eric Thomas

"Wenn Erfolg haben für Sie genauso wichtig ist wie das Atmen, dann werden Sie erfolgreich." - Eric Thomas

Nun wissen Sie, warum Sie so denken, wie Sie über Geld denken und warum Sie vermutlich in der finanziellen Lage sind, in der Sie sich derzeit befinden. Finanzieller Erfolg besteht zu 80 % im Kopf. Aus diesem Grund schreibe ich in diesem Buch in den ersten Kapiteln über die richtige Denkweise des Geldes, die ausschlaggebend für den finanziellen Wohlstand ist.

Stellen Sie sich vor, dass vor Ihnen ein leeres 0,3 Liter Glas steht, das nun mit 1,0 Liter Flüssigkeit befüllt werden soll. Wie Sie vermutlich nun schon geahnt haben, wird das meiste überlaufen. Wenn nun in dasselbe Glas 2,0 Liter Flüssigkeit gefüllt werden sollen, dann haben wir genau das gleiche Problem wie vorher. Aus diesem Grund werde ich in den folgenden Kapiteln ihre Aufnahmekapazität vergrößern, damit mehr Flüssigkeit hineinpasst und danach erst auf die Menge der zuzuführenden Flüssigkeit eingehen.

Warum sind nur so wenige Menschen vermögend? Was ist das Geheimnis dieser Leute? Sie haben gelernt, dass Geld lediglich eine Komponente des Erfolgs ausmacht. Für arme Menschen bedeutet Erfolg gleich Reichtum, gleichzeitig denken sie aber negativ über Reichtum. Auf der einen Seite denken sie, dass viel Geld glücklich macht, und auf der anderen Seite meinen sie, vermögende Menschen haben einen schlechten Charakter.

Viele würden gerne ein tolles Auto fahren, aber wenn sie einen Mann in einem Ferrari sehen, denken sie sich „Was für eine Witzfigur!" oder sagen sich, dass der Mann ja bestimmt sonst nichts in seinem Leben hat.

Langfristiger finanzieller Erfolg besteht aus mehreren Komponenten und nicht nur aus viel Geld verdienen. Auf diesen Punkt, Geld verdienen, müssen Sie sich am wenigsten konzentrieren, weil er aus den anderen Faktoren resultiert, wenn Sie das machen was Sie lieben.

Wir können unser Leben in drei grobe Bereiche aufteilen: Gesundheit, Beziehungen und Karriere. Jeder dieser Bereiche steht in einer Wechselbeziehung zueinander. Der erste Bereich ist die Gesundheit und enthält Bereiche wie Sport, Ernährung, Meditation etc. Ein kleines Beispiel: Sie haben ein Pferd, welches regelmäßig an Wettkämpfen teilnimmt, wie würden Sie es ernähren? Würden Sie ihm Burger oder Gras zu essen geben? Würden Sie ihm Alkohol oder Wasser zu trinken geben? In beiden Fällen entscheiden Sie sich logischerweise für die zweite Variante, damit das Pferd Topleistungen abrufen kann, um zu gewinnen beziehungsweise um das Beste aus sich herauszuholen. Dementsprechend müssen Sie sich selbst gesund ernähren und körperlich fit halten, um Ihr High Performance Level zu erreichen und halten zu können. Viele körperliche Beschwerden entstehen psychisch, da zu sehr nach außen gelebt wird. Durch den ganzen Lärm von außen wird die eigene innere Stimme nicht mehr gehört. Meditation oder Spaziergänge können hierbei helfen, um wieder einen klaren Kopf zu bekommen.

Der zweite Pfeiler sind Ihre Beziehungen. Es ist wichtig, ein großes Netzwerk zu haben. Man sagt nicht zum Spaß, dass ein Netzwerk das Nettovermögen bzw. Eigenkapital eines Menschen darstellt. Denn wenn Sie Hilfe bei Dingen benötigen, von denen Sie keine Ahnung haben, können Sie in Ihrem Bekanntenkreis nachfragen, wer sich in diesem Bereich auskennt. Wenn Sie einen juristischen Rat benötigen, handwerkliche Hilfe brauchen oder eine Website designen wollen, finden Sie mit einem gut ausgebauten Netzwerk immer jemanden, der Ihnen hilft.

In welche Tiefe gehen Ihre Beziehungen? Schreiben Sie doch mal Ihrer engsten Bezugsperson einen handschriftlichen Brief, wie dankbar Sie sind, dass Sie diese Person in Ihrem Leben haben. Das mag sich vielleicht verrückt anhören, aber wie würden Sie sich fühlen, wenn Ihr bester Freund, Ihre Mutter oder Ihre Partnerin Ihnen so einen Brief schreiben würde? Machen Sie den ersten Schritt. Sie müssen erst geben, damit Sie empfangen können. Ihre Freundschaft/Beziehung wird dadurch noch stärker.

Erfolg zu haben ist schön, aber ihn teilen zu

können ist noch viel schöner. Stellen Sie sich vor, Sie finden 10 Euro auf der Straße. Sie können sich jetzt entscheiden, ob Sie alleine einen Kaffee trinken gehen oder einen Freund zu einem Kaffee einladen. Welche Option werden Sie wohl wählen und warum?

Der letzte Pfeiler ist Ihre Karriere beziehungsweise Ihre Mission. Welche Karriere streben Sie an? Wo wollen Sie hin? Überlegen Sie sich, warum Sie auf dieser Welt sind. Es gibt immer einen Grund dafür, dass Sie hier sind. Finden Sie es heraus. Wenn Sie sich jetzt sagen, das kenne ich doch schon alles, das ist nichts Neues für mich – warum sind Sie dann noch nicht wohlhabend? Alle wissen, wie man schlank, muskulös o. Ä. wird, aber die wenigsten sind es. Es gibt einen Unterschied zwischen Kennen und Können. Folgen Sie nicht dem Geld, folgen Sie Ihrem Herzen. Wenn Sie Ihrer Leidenschaft folgen, werden Sie erfolgreich.

Der finanzielle Aspekt fällt hierbei unter Karriere. Wenn Sie Ihre Finanzen nicht im Griff haben, kann sich das negativ auf ihre Beziehungen auswirken. Was meinen Sie, wie viele Ehen, Beziehungen oder gar Familien auseinandergegangen sind, weil Geld das Problem darstellte. Körperliche Beschwerden entstehen häufig psychisch, finanzielle Probleme sind ein häufiger Grund. Wer Geldprobleme hat, macht sich Gedanken: Wie kann ich die nächste Rechnung bezahlen? Wie soll ich die Reparatur finanzieren? Wie erkläre ich meinem Partner, dass dieses Jahr der Urlaub gestrichen werden muss? Wenn Sie sich gerade in einer finanziellen Krise befinden und Ihr Partner oder Ihre Partnerin Ihnen beisteht und sagt, dass sie beide das gemeinsam bewältigen, ist dies bemerkenswert. Aber stellen Sie sich vor: Sie sind der Mann und gehen mit Ihrer Partnerin essen. Sie bezahlt beim Essen, weil sie weiß, dass Sie momentan kaum Geld haben, das 2., 3. und 4. mal auch. Es gibt kein Problem, aber der Mann kreiert ein Problem in seinem Kopf, was nicht da ist, weil es menschlich ist. Der Mann verliert den Respekt vor sich selbst oder redet sich sonst was ein. Dadurch entsteht Streit in der Beziehung, weil der Mann nicht mehr damit klar kommt, dass die Frau bezahlt. Bei Streitereien wirft die Frau aus Wut dem Mann vielleicht vor, dass sie derzeit alles zahlt und er endlich in Gang kommen soll. Was glauben Sie, wie sich der Mann fühlt? Diese Situationen kennt wohl jeder und ich möchte Ihnen dabei helfen, dass sie zukünftig mit solchen Problemen nicht mehr konfrontiert werden.

Ziele & Vision

"Vision ist die Kunst, Unsichtbares zu sehen." – Jonathan Swift

Viele Menschen haben kein Ziel, ein paar haben ein Ziel und die wenigsten sind sich ihres Zieles bewusst. Die, die sich ihres Zieles bewusst sind, das sind die Erfolgreichen. Schreiben Sie jetzt Ihre Ziele auf. Es ist essentiell wichtig, diese schriftlich festzuhalten. Welches Ziel haben Sie sich für diesen Monat vorgenommen, für dieses Jahr, für Ihr Leben? Wenn jetzt nicht sofort etwas aus der Pistole geschossen kommt, dann wissen Sie, dass Sie sich darüber nie wirklich Gedanken gemacht haben. Wenn Sie kein Ziel haben, dann arbeiten Sie immer für die Ziele anderer und sind sich dessen nicht einmal bewusst. Es ist als ob Sie auf ein Schiff steigen würden und nicht wissen wo Sie hinfahren, sondern sich vom Meeresstrom treiben lassen. Sie werden da ankommen, wo alle anderen auch sind.

Laut einer Harvard Studie haben die Studienabgänger, die ihre Ziele schriftlich formuliert haben, zehnmal so viel verdient als diejenigen ohne Ziel oder ohne Notierung des

Zieles.[6] Nehmen Sie Ihre allergrößte Leidenschaft und bauen Sie Ihre Karriere darauf auf. Wenn Sie keine Idee haben, was Sie wirklich wollen oder welcher Tätigkeit Sie nachgehen möchten, um glücklich und erfüllt zu sein, können Sie folgende Übungen durchführen:

- Schreiben Sie die Tätigkeit auf, der Sie nachgehen würden, wenn Sie finanziell frei wären.

- Gehen Sie an einem richtig schönen, sonnigen Tag ans Meer oder auf einen Berg und schreiben Sie Ihre Gedanken in Ruhe nieder. Was wollen Sie wirklich?

- Versetzen Sie sich in Ihr 90-jähriges Ich. Würden Sie die Dinge bereuen, die Sie getan haben, oder die Dinge, die Sie nicht getan haben? Welche Dinge möchten Sie erreicht haben, bevor Ihre Lebenszeit zu Ende ist?

Sie können heute festlegen, wo Sie in fünf oder zehn Jahren stehen wollen. Glauben Sie

---

[6] Vgl.: http://www.business-netz.com/Selbstmanagement/Ziele-schriftlich-fixieren (online abgerufen 21.08.2017)

niemals, dass es zu spät sei. Der beste Zeitpunkt, einen Baum gepflanzt zu haben, war vor 20 Jahren, der zweitbeste Zeitpunkt ist jetzt. Wer wollen Sie in fünf Jahren sein, welche Tätigkeit wollen Sie ausüben, mit wem möchten Sie zusammen sein? Das alles liegt allein in Ihrer Hand. Schreiben Sie auf, wie viel Geld Sie verdienen wollen oder wie groß Ihr Vermögen zu einem bestimmten Zeitpunkt sein soll. Es ist wichtig, dass Sie es terminieren. Wie viel haben Sie in den letzten 5 Jahren insgesamt verdient? Wie viel haben Sie davon noch? Vor 5 Jahren haben Sie nichts terminiert, aber jetzt können und sollten Sie dies tun.

Sie brauchen ein klares Motiv. Das Wort Motiv steckt in Motivation. Wenn Sie ein klares Ziel haben, dann haben Sie ein Motiv und sind somit motiviert. Dadurch können Sie Ihr ganzes Potenzial abrufen. Sie sind der Regisseur Ihres eigenen Films. Sie haben es in der Hand, ob Sie der Hauptdarsteller in Ihrem Film sein wollen oder der Nebendarsteller in Ihrem eigenen Leben.

Sie sind der Schriftsteller Ihres eigenen Buches. Wenn Sie Ihre Biografie schreiben würden, was würden Sie schreiben? Welche Abenteuer haben Sie erlebt, welche Menschen haben Sie kennengelernt, welchen Menschen haben Sie geholfen, welche Unternehmen haben Sie aufgebaut, wo sind Sie auf der Welt gewesen? Sie können reinschreiben, was Sie wollen, es ist ja IHRE Biografie. Oder Sie schreiben hinein, dass Sie 40 Jahre gearbeitet haben, weil es sicherer war und weil die Gesellschaft es anerkannte.

Ihre Ziele und Visionen müssen groß sein, damit die Probleme, die auftauchen, sehr klein dagegen erscheinen. So lassen Sie sich nicht von kleinen Problemen aufhalten. Wenn Sie aufgeschrieben haben, wie viel Sie verdienen möchten, dann brechen Sie es auf den Tag herunter. Dadurch wirkt die Zahl viel kleiner und Sie werden sich nicht selbst davor abschrecken, dieses Ziel zu erreichen. Wenn Sie 10.000 € im Monat verdienen möchten, dann müssen Sie am Tag 333,33 € verdienen. An einem Tag sind das ca. 14 Euro pro Stunde. Das klingt doch gleich viel realistischer als 10.000 € im Monat, obwohl es genau dasselbe ist. Hängen Sie die Notiz entweder sichtbar auf oder schreiben Sie sich das Ziel jeden Tag auf, damit es sich bei Ihnen verinnerlicht. Kreieren Sie in diesem Kontext ein Visionboard und hängen Sie auch dieses so auf, dass Sie es oft und bewusst zu sehen bekommen.

Ein Visionboard ist eine Collage von Bildern mit den Dingen, die Sie erreichen möchten. Auf diese Weise wird Ihr Gehirn Wege finden, um diese Dinge zu erreichen und zu verwirklichen. Mit dieser Methode kommunizieren Sie bewusst mit Ihrem Unterbewusstsein. Durch Visualisierung entsteht eine emotionale Verknüpfung, und Emotionen sind der stärkste Antrieb überhaupt. Durch diese emotionale Verknüpfung sind Sie intrinsisch (von innen heraus) motiviert und benötigen keine extrinsische (also äußere) Motivation mehr. An Bildern kann sich unser Gehirn besser erinnern als an Wörter. Es hilft uns dabei nicht mit dem Auge zu sehen, sondern mit dem Herzen.

Zeit

„Time is what we want most, but we use worst." – William Penn

"Zeit ist das, was wir am meisten möchten, aber am Schlechtesten nutzen." – William Penn

Gold ist wertvoll, weil es nur eine begrenzte Menge davon auf der Welt gibt. Gold ist wertvoller als Silber, weil es weniger Gold als Silber gibt.

Ihre kostbarste Ressource ist Ihre Zeit, weil sie begrenzt ist. Stellen Sie sich Ihre Zeit in Form einer Sanduhr vor. Der Sand, der sich auf dem Boden befindet, spiegelt Ihre gelebte Zeit wider, und das, was von oben nach unten rieselt, ist die Zeit, die Sie noch zur Verfügung haben. Allerdings wissen Sie nicht, wie viel von da oben noch kommt.

Lance Armstrong meinte, dass seine Krebserkrankung das Beste war, was ihm passieren konnte. Nur deshalb konnte er die Tour de France gewinnen, weil er wusste, dass jede Sekunde zählt.

Wenn Sie sich dessen bewusst sind, dann wissen Sie, dass es langfristig gesehen nicht sehr klug ist, Zeit gegen Geld einzutauschen. Sie tauschen 8,50 € gegen eine Stunde Ihrer Zeit aus. Diese Stunde bekommen Sie aber nie wieder. Wenn Ihnen Ihre Arbeit Spaß macht, machen Sie alles richtig, aber wenn Sie die Wahl hätten, zur Arbeit zu gehen oder nicht hinzugehen, wofür würden Sie sich entscheiden? Wenn das Gehalt, das Einzige ist, was sie antreibt dort zu arbeiten, wo Sie jetzt arbeiten, dann machen Sie etwas falsch. Ich war selbst häufig mit diesem Problem konfrontiert. Ich hatte keine Lust dort arbeiten zu gehen, wo ich nebenher arbeitete, weil es langweilig und das Arbeitsklima auch nicht prickelnd war. Ich wusste jedoch, dass ich im Gegenzug, wenn ich die Arbeit aushalte, die Summe X erhalten würde.

Irgendwann habe ich mich entschlossen, dort nicht mehr zu arbeiten, weil ich kein BOCK darauf hatte, und die ganze Energie, die ich dort verloren hätte, in meine Projekte investierte habe, bei denen ich mit Herz und Seele dabei bin. Somit bin ich nicht nur ein glücklicherer Mensch. Dadurch baut man langfristig ein beträchtliches Vermögen auf, da nicht wegen des Geldes die Projekte gemacht werden, sondern um anderen Menschen zu helfen.

„Zeit ist Geld", so haben wir es alle schon oft gehört. Wenn Sie Zeit verlieren, verlieren Sie Geld. Diese Aussage ist falsch, denn verlorenes Geld können wir wieder erwirtschaften, verlorene Zeit können wir nirgendwo kaufen.

Wie gehen Sie mit Ihrer Zeit um? Zeitmanagement ist extrem wichtig, denn dadurch können Sie sich Zeit schaffen für die Dinge, auf die Sie Lust haben. Planen Sie Ihre Wochen und Ihre Tage oder stehen Sie einfach auf und schauen, was passiert? Wenn Sie versagen zu planen, planen Sie zu versagen.

Schreiben Sie sich am Sonntag auf, welche Dinge Sie kommende Woche erledigen möchten, und schauen Sie, welche Dinge Sie zusammensetzen können, um Zeit zu sparen. Wie oft gehen Sie einkaufen oder nach der Arbeit nochmal in den Supermarkt, um etwas zu holen? Wie oft gehen Sie zur Bank, zur Post, zum Friseur etc.? Schreiben Sie sich auch auf, dass Sie am nächsten Sonntag wieder eine Wochenplanung vornehmen. Durch Planung können Sie viele Dinge besser vereinen und dadurch Zeit mit Ihren Liebsten und Ihren Freunden verbringen. Dafür ist

Zeitmanagement gedacht, und nicht, um sich den Terminkalender vollzustopfen. Wenn Sie jeden Tag zwei Stunden weniger schlafen, dann haben Sie in einem Jahr genau einen Monat mehr Zeit als vorher. So gesehen hätte Ihr Jahr 13 Monate.

Wenn morgens Ihr Wecker klingelt, drücken Sie dann auf den Snooze-Button, um 5, 10 oder 15 Minuten länger liegen zu bleiben? Diese Minuten erhalten Sie nie wieder. Denn wir wissen es alle: Wenn der Wecker klingelt, könnten wir einfach aufstehen, weil wir ausreichend geschlafen haben; wir müssen einfach nur aufstehen. Jeden Tag 15 Minuten zu vergeuden, kostet uns im Jahr 90 Stunden. Sie könnten diese 15 Minuten täglich nutzen, um zu lesen, eine Fremdsprache zu lernen, ein Work-out zu machen oder sonst was. Aber viele gehen so mit Ihrer Zeit um, als ob wir davon mehr als genug hätten.

Setzen Sie sich für Ihre Ziele unrealistische Zeitpunkte, um sie eher zu erreichen. Natürlich nicht komplett unrealistisch wie z. B. in einer Woche Millionär werden, aber so, dass Sie extrem stolz auf sich wären, wenn Sie es in dieser Zeit schaffen würden. Als Sie damals in der Schule waren oder im Studium, wann haben Sie angefangen zu lernen? Die meisten fingen genau dann an, wenn die Zeit knapp wurde, davor haben sie nichts gemacht. Hätten sie die Klausur eher geschrieben, hätten sie wahrscheinlich wieder einen Tag davor gelernt, aber sie hätten früher bestanden. Sie können sich sagen: Ich möchte in 50 Jahren Millionär sein oder in fünf Jahren. Stellen Sie sich das vor, in fünf Jahren Millionär zu sein. Überlegen Sie sich, wo Sie vor fünf Jahren waren. Haben Sie vor fünf Jahren gedacht dort zu sein, wo Sie heute stehen?

Disziplin

„Disziplin ist die Brücke zwischen Zielsetzung und Verwirklichung." – Jim Rohn

Haben Sie Lust auf eine Pizza? Auf Schokolade? Einen trinken zu gehen? Auf der Couch zu faulenzen und den Sport mal ausfallen zu lassen?

Wie oft ist es passiert, dass wir uns etwas vorgenommen haben und es dann doch nicht geklappt hat? Sie kennen diese Situationen. Der Fehler, den wir begehen, ist, dass wir nicht proaktiv handeln, sondern reaktiv. Das heißt, wir lassen uns von äußeren Umständen beeinflussen. Wir lernen auf unterschiedliche Art und Weise, und Wiederholung ist eine davon. Es gibt gewisse Dinge, die bei uns so automatisiert sind, dass wir sie einfach machen, aber die Frage ist, ob diese Automatismen zielführend sind. Ohne darüber nachzudenken, putzen Sie sich morgens immer die Zähne; Sie bauen also Automatismen ein, damit Ihr Gehirn nicht mehr über jede Handlung sinnieren muss und dadurch mehr Kapazität für andere Überlegungen zur Verfügung hat. Das mag in vielen Fällen enorme Vorteile mit sich bringen (z. B. beim Autofahren), aber oft auch schwerwiegende Nachteile gerade bei kleinen Gewohnheiten und Denkmustern, die uns unbewusst hindern oder ineffizient machen, ohne dass wir dies bewusst erkennen.

Der Elefant, auf dem Sie sitzen, spiegelt Ihr Unterbewusstsein wider; der Reiter, der oben sitzt, ist das Bewusstsein. Sie werden immer dort angelangen, wo Sie Ihr Unterbewusstsein hinträgt, doch Sie können dieses trainieren. Sie können verschiedene Herausforderungen für ein Zeitintervall festlegen, z. B. 90 Tage keinen Alkohol trinken, einen Monat lang kalt duschen, einen Monat nicht Fernsehen oder zwei Wochen mit 5 € am Tag auskommen.

Es ist wichtig, sich selbst zu disziplinieren. Denn häufig stehen wir vor finanziellen Entscheidungen, bei denen wir uns falsch entscheiden, weil wir nachgeben, da wir undiszipliniert sind. Wir setzen uns z. B. eine maximale Grenze, was der Urlaub dieses Jahr kosten darf. Angenommen wir legen uns auf 700 Euro fest. Wir suchen nach Angeboten und finden ein gutes Angebot für 899 Euro. Eigentlich wäre es zu teuer für uns, aber am Ende entscheiden wir uns doch dafür, denn es ist ja der Urlaub, da möchte man nicht sparen. Dieses Muster überträgt sich allerdings dadurch auf alle anderen finanziellen Entscheidungen.

Als ich früher noch geraucht habe, habe ich versucht, aufzuhören. Der Wille war da, aber trotzdem habe ich es anfangs nicht geschafft, weil ich aus irgendeinem Grund nicht diszipliniert war. Wenn Sie etwas erreichen wollen, was Sie vorher noch nie erreicht haben, müssen Sie etwas tun, was Sie vorher noch nie getan haben. Erst nachdem ich mich dazu entschlossen hatte, einen gewissen Zeitraum komplett auf Alkohol zu verzichten, habe ich es geschafft, ohne Probleme aufzuhören zu rauchen. Ich habe den Ursprung meiner Undiszipliniertheit gefunden, nämlich den Alkohol. Sie können sich nur disziplinieren, wenn Sie Herr der Lage sind. Entwickeln Sie einen eigenen Standard für Ihr Leben. Ich kam nicht mehr in Versuchung zu rauchen, weil mein Wille viel zu stark war und ich zu 100 % Kontrolle über mich selbst hatte. Dadurch konnte ich mich sehr gut selbst disziplinieren und neue Gewohnheiten implementieren, die viel gesünder und sinniger sind. Wenn alle feiern gegangen sind, bin ich abends mit dem Bus ins Fitnessstudio gefahrengegangen und habe auf dem Hin- und Rückweg gelesen. Es war ein witziger Kontrast, denn ich sah, auf einmal wie locker alle waren, wie glücklich alle waren. Steigen Sie mal Montagabend in irgendeine Bahn ein und einmal an einem Freitagabend. Es ist, als ob die Menschen wie ausgewechselt wären. Am nächsten Morgen, als ich aufgestanden bin, hatte ich höchstens den Kater vom Training aber nicht dem vom Alkohol. Ich war zu 100 % fit und während alle anderen geschlafen haben und Kopfschmerzen hatten, konnte ich den Tag nutzen und Gas geben. Warum im Bett liegen bleiben und nichts tun? Unsere Uhr läuft die ganze Zeit weiter, auch wenn wir stehen bzw. liegen bleiben.

Fangen Sie mit einem kleinen Zeitintervall an und erhöhen Sie dieses mit der Zeit. Sie fangen ja auch nicht sofort an, einen Marathon zu laufen, sondern laufen erst einmal 5 km, dann 10 km usw., bis Sie einen Marathon laufen können. Sie lernen sich dabei zu disziplinieren und können daraus eine Wette mit einem Freund machen – wer es nicht durchhält, dem blüht eine Strafe. Seien Sie kreativ. Anfangs wird es vielleicht schwer sein, aber nach einiger Zeit ist es eine Routine für Sie. Dadurch können Sie Automatismen einbauen, die Sie nicht behindern, sondern stattdessen schneller zu Ihrem Ziel führen.

Es ist wichtig, dass Sie am Anfang am besten nur eine kleine Veränderung vornehmen und erst nach einigen Wochen eine weitere. Falls Sie zum Beispiel Raucher sind, sich schlecht ernähren, keinen Sport machen und viel Alkohol trinken, dann werden Sie keine der Gewohnheiten ändern können, wenn Sie alle auf einmal ändern wollen. Denn das kostet extrem viel Willenskraft. Fangen Sie an erst eine Gewohnheit zu ändern, zum Beispiel hören Sie erst mit dem Alkohol auf. Ein halbes Jahr später fangen Sie an sich besser zu ernähren usw. So werden Sie es definitiv schaffen, sich alle schlechten Gewohnheiten im Laufe der Zeit abzugewöhnen. Ersetzen Sie diese IMMER mit guten Gewohnheiten.

Das ist sehr wichtig, denn wenn Sie aufhören zu rauchen und stattdessen ganz viel Kaffee trinken, ist das eher kontraproduktiv. Ersetzen Sie Ihre Zigarette durch einen grünen Tee oder durch einen Apfel. Es ist wichtig, dass Sie Ihre alten Gewohnheiten durch neue und gute Gewohnheiten ersetzen.

Modellieren Sie den Alltag Ihrer Leitbilder nach. Wenn Sie dort hinkommen wollen, wo Ihr Idol steht, macht es durchaus Sinn, dessen Weg und Ablauf nachzuahmen und gewisse Anpassungen vorzunehmen. Sie müssen das Rad nicht neu erfinden.

Sie sollten am besten Ihr Handy während der Nachtruhe in den Flugmodus stellen, damit Sie morgens keine Nachrichten lesen können. Des Weiteren ist es hilfreich, wenn Sie sich morgens nicht als erstes die Zeitung durchlesen, nicht die Nachrichten anschauen oder E-Mails beantworten. Wenn Sie morgens Zeitung lesen oder sich die Nachrichten anschauen, saugen Sie direkt negativen Informationen auf. Wenn ein Terroranschlag ausgeübt wurde und Sie auf die Arbeit gehen, worüber fangen Sie an sich zu unterhalten? Richtig, über den Anschlag, welcher natürlich schrecklich ist, aber uns auch in einen traurigen Zustand versetzt.

Fangen Sie dagegen morgens mit einem Ritual an, damit Sie mit einer Menge Power und guter Laune in den Tag starten können. Schreiben Sie sich morgens Ihre Ziele auf, bestärken Sie sich mit Affirmationen und Glaubenssätzen, die positiver Natur sind, wie z. B. „Ich bin ein Geschenk für diese Welt". Wenn Sie sich das jeden Morgen sagen, hebt sich Ihr Selbstwertgefühl. Wenn die Menschen Ihnen sagen würden, dass Sie attraktiv aussehen, was glauben Sie, denken Sie über sich? Sie denken, Sie seien attraktiv, und strahlen auch genau das aus. Da aber die wenigsten Menschen einem so etwas sagen, sagen Sie sich das einfach selbst. Hören Sie morgens ein Lied im Bad, welches gute Laune vermittelt, und frühstücken Sie vitaminreich. Die Morgenroutine ist sehr wichtig, denn dadurch entscheiden Sie selbst, wie der Tag wird. Sie werden mit einem Lächeln aus dem Haus treten und merken, dass auch die Leute zurücklächeln. Das Allererste, was ich morgens mache, ist mein Bett. Das ist mein erster kleiner Sieg; 1:0 für mich. Danach fühle ich mich gut, weil ich bereits die erste kleine Aufgabe des Tages erledigt habe und egal was an dem Tag passiert und wie schlimm er wird, denn am Ende des Tages blicke ich immer auf ein gemachtes Bett. Ein großartiges Gefühl.

Persönliche Power

"Today, knowledge has power. It controls access to opportunity and advancement." – Peter Drucker

"In unserer heutigen Zeit ist Wissen Macht. Es kontrolliert den Zugang zu Gelegenheiten und Fortschritt" – Peter Drucker

Wenn Sie Dinge wissen, die andere nicht wissen, dann haben Sie Macht. Natürlich ist nur angewandtes Wissen Macht, aber trotzdem haben Sie schon einmal einen Vorteil gegenüber anderen. Dadurch sind Sie rar und somit wertvoll. Denn Sie wissen etwas, was andere nicht wissen.

Wenn Sie Macht erlangen wollen, dann müssen Sie sich Wissen auf Ihrem Gebiet aneignen und ein Experte werden. Sich Wissen zu beschaffen ist heutzutage wirklich simpel, denn alles ist in Büchern niedergeschrieben oder in Videos aufgezeichnet. Sie müssen sich lediglich weiterbilden, indem Sie Bücher lesen, Seminare besuchen oder Videokurse durcharbeiten.

Wenn Sie Ihre Einkommensvernichtungsmaschine (Fernseher) einschalten, dann fragen Sie sich, ob das zielführend ist. Unser Input entscheidet nämlich maßgeblich über unseren Output, oder anders gesagt: Aus Ihrem Mund kommt immer das heraus, was Sie sehen oder lesen. Lesen Sie diesen Monat vier Bücher und Sie werden sehen, dass sich Ihre Perspektive und Ihre Gedankengänge ändern werden. Das erste Buch, das Sie lesen sollten, ist ein Buch über Speedreading. Studieren Sie Ihr Themengebiet und seien Sie der Beste darin.

Glauben Sie, eine Friseurin kann Multimillionärin werden? Nein, denken sich die meisten, aber es ist durchaus möglich! Voraussetzung ist, dass es Ihre Leidenschaft ist, diese Tätigkeit auszuführen. Ich gebe Ihnen ein vereinfachtes Beispiel: Stellen Sie sich vor, Sie sind eine Friseurin und haben eine Lehre angefangen. Dort verdienen Sie eventuell zwischen 200 € und 400 € im ersten Lehrjahr. Sie lernen eifrig von Ihren Kollegen, bilden sich aber selbst noch weiter in Form von Büchern, Seminaren und sonstigen Wissensquellen. Sie lernen Dinge wie Marketing, Verkauf, Psychologie, betriebswirtschaftliche Zusammenhänge usw. Sie haben gelernt, dass der Markt durch Angebot und Nachfrage geregelt wird, und haben gelesen, dass die Beziehung zum Kunden extrem wichtig ist. Also bauen Sie sehr enge Beziehungen zu Ihrem Kunden auf, nehmen ihm die Jacke ab, bieten ihm etwas zu trinken an, kennen seine persönlichen Interessen, sind sehr freundlich und geben Ihrem Kunden dadurch ein schönes Gefühl. Dadurch bauen Sie eine enge, persönliche Beziehung zu Ihrem Kunden auf, denn Sie wollen den Kundennutzen so groß wie möglich gestalten. Deshalb ist nicht nur ein guter Haarschnitt wichtig, sondern auch eine enge Kundenbindung. Diese fühlen sich sehr wohl bei Ihnen und werden über persönliche Dinge mit Ihnen sprechen. Nach einiger Zeit werden viele Kunden zu Ihnen kommen, aber Sie können nicht mehr alle selbst bedienen. Die Folge ist, dass der Preis steigt, aber den Großteil des erhöhten Preises erhält Ihr Chef, wenn nicht sogar alles. Für Ihren Chef sind Sie ein richtiger Goldesel. Da Sie sich ständig weiterbilden, riskieren Sie jetzt den nächsten Schritt. Sie mieten sich einen Friseursalon an und machen sich selbständig. Sie haben zwei Angestellte und bauen sich einen großen Kundenstamm auf. Die

Menschen kommen gerne zu Ihnen, weil Sie Ihre Arbeit lieben und die Kunden sich bei Ihnen wohlfühlen. Dadurch ist die Nachfrage nach Ihnen wieder höher als das Angebot, welches Sie zur Verfügung stellen können. Neben dem Haarschnitt bieten Sie noch Produkte an wie Shampoos und andere Dinge, die die Haare pflegen. Des Weiteren können Sie bestimmte Dinge über Ihre Firma absetzen und haben dadurch steuerliche Vorteile. Sie wissen aus Ihrer eigenen Erfahrung, dass man immer weiter lernen muss, übergeben daher einem Angestellten die Leitung über die Filiale und eröffnen die nächste. Dadurch generieren Sie weitere Einkommensströme und investieren einen gewissen Teil in Finanzanlagen. Sie haben zwar keine Ahnung davon, aber Sie haben für jeden Bereich einen Experten engagiert – Finanzexperten, Steuerberater usw. Sie können sich jetzt aussuchen, ob Sie weiter Haare schneiden wollen (also weiter IN Ihrem Business arbeiten wollen) oder ob Sie eine Kette daraus machen wollen (also AN Ihrem Business arbeiten wollen). Sie entscheiden sich dafür, die Rolle eines Projektmanagers zu übernehmen und alles zu koordinieren. Sie gründen eine Friseurschule und haben einen weiteren Einkommensstrom generiert. Dies ist natürlich völlig abstrakt und vereinfacht dargestellt, aber es soll Ihnen zeigen, was möglich ist.

Sie wurden vom Angestellten zum Selbständigen, vom Selbständigen zu jemandem, dem die komplette Kette gehört. Sie sind an einem Punkt angelangt, wo Sie tun und machen können, was Sie wollen. Sie sind finanziell frei. Was glauben Sie, werden Sie weiterhin tun? Genau, Sie werden weiterhin Haare schneiden, weil Sie es lieben, das zu tun.

Überlegen Sie sich also an dieser Stelle, was Sie tun würden, wenn Sie finanziell frei wären, und dann gehen Sie dieser Tätigkeit nach! Bilden Sie sich nebenher konstant weiter. Die meisten überschätzen das, was sie in einem Jahr erreichen können, aber unterschätzen das, was sie in fünf oder zehn Jahren erreichen können.

Sie müssen nur schauen, wo Ihre Stärken bzw. Interessen liegen und wo ein lukrativer Markt vorhanden ist. Dies sind die vier Massenmärkte:

- Dating & Beziehung
- Fitness & Gesundheit
- Business & Geld verdienen

- Irrationale Leidenschaften (spezielle Hobbies wie Tischtennis, Bogenschießen etc.)

Wenn Sie sich zum Beispiel für Boxen interessieren, dann sind Sie im Bereich Sport, Kampfsport, Boxen. Reflektieren Sie, welche Sportart Sie gerade machen, welche Erfahrungen Sie haben, womit Sie anderen Menschen einen Mehrwert generieren können. Dadurch, dass Sie eine schwierige Zeit gemeistert haben, können Sie anderen wertvolle Tipps geben und sie davon profitieren lassen. Oder Sie sind Experte auf einem Gebiet und lassen andere von Ihrem Wissen und Erfahrungsschatz profitieren. Wenn Sie Ihr Wissen aber nicht verbreiten oder veröffentlichen, erzeugen Sie auch keinen Mehrwert. Jeder hat eine Nische, eine Leidenschaft, ein Hobby oder etwas, worin er wirklich gut ist und eine Menge Erfahrungen hat.

Wenn Sie jetzt denken, dass Sie sich im Bereich Fitness gut auskennen, aber der Markt schon übersättigt ist und es schwierig ist sich dort zu positionieren, dann denken Sie falsch. Entweder Sie setzen sich durch und lernen von Ihrer Konkurrenz, oder Sie gehen wie oben vor und suchen sich einen ganz speziellen Bereich, worin Sie Experte werden. Zum Beispiel können Sie sich auf einen bestimmten Körperbereich spezialisieren. Gehen Sie in der Verästelung einfach immer weiter; beim Beispiel Boxen von oben könnten Sie in der nächsten Verästelung auf Kickboxen gehen oder sich für Boxen für Frauen spezialisieren.

Warten Sie auch nicht darauf, bis Sie eine Tätigkeit perfekt können. Denn wenn Sie warten, bis Sie etwas perfekt machen wollen, dann werden Sie nie mit einer Sache fertig. Perfektion gibt es nicht.

Aufgaben im Überblick:

- Schreiben Sie Ihre Glaubenssätze über Geld auf.
- Schreiben Sie Ihre Ziele auf. Wenn Sie kein Ziel haben, ist Ihr Ziel ein Ziel zu finden
- Schreiben Sie auf, was Sie tun würden, wenn Sie finanziell frei wären.
- Schreiben Sie Ihr 90-Jähriges Ich auf.
- Erstellen Sie ein Visionboard
- Planen Sie Ihre Woche und Ihren Tag.
- Machen Sie eine Challenge mit Ihrem Freund.
- Führen Sie eine Morgenroutine durch.
- Fangen Sie an, monatlich vier Bücher zu lesen.

4. OPTIMIERUNG

Ihre Stärken

„Glaube an deine Kräfte. Wenn du an Deine Stärke glaubst, wirst du täglich stärker."
– Dalai Lama

Was sind Ihre Stärken und was sind Ihre Schwächen? Schreiben Sie jetzt auf, was Ihnen dazu einfällt.

Stärken	Schwächen

Mit welcher Spalte haben Sie angefangen? Kennen Sie überhaupt Ihre Stärken oder haben Sie das hingeschrieben, was Sie für die Bewerbungen auswendig gelernt haben? Dinge wie flexibel, teamorientiert, ehrgeizig …? Was können Sie besonders gut? Wenn Sie es nicht wirklich wissen, dann fragen Sie einfach Ihre besten Freunde nach Ihren Stärken, sie werden es Ihnen sagen. Ich führe täglich ein Erfolgsjournal. Diese Übung habe ich von Bodo Schäfer und kann sie dringend weiterempfehlen. Sie schreiben sich jeden Abend auf, was Ihnen gut gelungen ist, egal wie klein die Sache war. Schreiben Sie jeden Tag fünf Dinge auf. Dadurch konzentrieren Sie sich mehr auf die Dinge, die Ihnen gut gelungen sind, und stärken Ihr Selbstwertgefühl. Sie sprechen mehr über Lösungen anstatt Probleme.

Falls Sie jetzt sagen, dass Sie nicht wissen, welche Stärken sie besitzen und es Ihnen auch keiner sagen kann, dann können Sie folgendes tun: Schreiben Sie sich alle Punkte auf, die Sie können, es können die banalsten Sachen sein, aber sie stellen Ihr Können dar und dieses Können ist Ihr Reichtum. Konzentrieren Sie sich darauf, was Sie können und haben und erstellen Sie eine Assetliste, die wie folgt aussehen kann:

- Ich kann Lesen
- Ich kann Schreiben
- Ich kann Laufen
- Ich kann Rechnen
- Ich kann Reden
- Ich habe zwei Hände
- Ich habe zwei Füße
- Ich kann sehen
- Ich kann hören
- usw.

Diese Liste können Sie weiterführen, sie wäre lang. Dies alles addiert zu Ihrem Reichtum. Kurt Tupperwein äußerte: „Arm ist der, der mehr braucht als er hat und Reich ist der, der mehr hat als er braucht." Wenn Sie diese obige Liste erstellen, glauben Sie, dass wir in einem Mangel Leben oder sehr reich sind? Die ganzen Fähigkeiten addieren alle zu Ihrem Reichtum uns Sie können daraus etwas machen. Durch unser Bildungssystem und durch die Medien werden wir immer darauf gepolt zu schauen, was wir nicht haben. Deshalb ist die Erstellung dieser Liste wesentlich, denn es gibt eine Menge Dinge, die wir haben und die wir können.

Überlegen Sie sich doch einmal, wie Sie in fünf Jahren zu einer Million Euro kommen können. Schreiben Sie alle Lösungen auf, die Sie dazu haben, und schreiben Sie alle Dinge auf, die Sie daran hindern werden, Millionär zu sein. Schauen Sie sich an, welche Liste größer ist, und fragen Sie sich warum. Lernen Sie, sich auf Ihre Stärken zu konzentrieren und über Lösungen zu reden, anstatt sich mit Ihren Schwächen und Problemen herumzuschlagen. Lernen Sie wie ein Optimist und nicht wie ein Pessimist zu denken.

Wenn Sie Ihre Stärken kennen, dann bauen Sie diese weiter aus. Setzen Sie das Pareto-Prinzip um, welches besagt, dass 20% unserer Tätigkeiten 80% der Ergebnisse hervorrufen. Was sind Ihre 20%? Gehört Einkaufen, Bügeln, Putzen, Rasenmähen oder Abwaschen zu Ihrer Stärke? Wenn nicht, dann delegieren Sie diese Aufgaben ab und konzentrieren sich darauf, was Sie gut können. Wenn Sie 15 Euro die Stunde verdienen, dann stellen Sie eine Haushaltshilfe für 8,50 Euro ein. So haben Sie mehr Zeit für die Dinge, die Umsatz bringen, und schaffen sogar noch Arbeitsplätze. Dadurch lernen Sie etwas über Mitarbeiterführung. Delegieren Sie Aufgaben, die Sie nicht so gut können, an andere ab, denn diese kosten Ihre meiste Zeit, bringen aber so gut wie keinen Umsatz.

Fokus

„Energy flows, where focus goes." – Tony Robbins

"Energie fließt dorthin, wohin sich Ihre Aufmerksamkeit richtet."

Man kann nicht auf allen Hochzeiten gleichzeitig tanzen. Nehmen Sie eine Sache und konzentrieren Sie sich nur darauf. Dadurch erzielen Sie die besten Resultate. Schauen Sie sich in dem Raum um, in dem Sie gerade sind. Suchen Sie nach der Farbe Rot und prägen Sie sich so viel Rot ein, wie Sie nur können. Alles, was rot ist, merken Sie sich: roter Kugelschreiber, roter Pullover, je nachdem, was in Ihrer Umgebung gerade rot ist. Gehen Sie JETZT in einen anderen Raum.

Schreiben Sie dort alles nieder, was grün war. Wenn Ihnen jetzt nichts einfällt, dann haben Sie die Übung richtig gemacht und wissen, wie richtiger Fokus funktioniert. Was ist in Ihrem Leben die Farbe Rot beziehungsweise worauf wollen Sie sich fokussieren?

Anfänger machen den Fehler, alles gleichzeitig zu wollen. Sie wollen JETZT den Traumpartner, das Traumauto, die finanzielle Freiheit, den Traumkörper und vieles mehr. Konzentrieren Sie sich auf eine Sache. Wollen Sie Millionär werden? Dann fokussieren Sie sich nur darauf. Multitasking ist ein Killer. Nehmen Sie sich eine Stoppuhr oder Ihr Handy zur Hand und führen Sie folgende Übung durch: Schreiben Sie das Wort Multitasking auf und darunter die Zahlen von 1 bis 12, und zwar jeweils Buchstabe und Zahl im Wechsel. Sie schreiben also M, darunter eine 1, dann u und darunter eine 2, immer im Wechsel, bis Sie bei g und 12 angelangt sind. Stoppen Sie die Zeit, die Sie dafür benötigt haben.

— — — — — — — — — — — — —

Schreiben Sie jetzt zuerst das Wort Multitasking auf und erst danach die Zahlenreihe von 1 bis 12. Stoppen Sie auch hier die Zeit.

— — — — — — — — — — — — —

Bei welcher Übung waren Sie schneller? Wie Sie sehen, sollten Sie sich nur auf eine Sache konzentrieren.

Wenn in Ihrem Smartphone viele Tabs auf sind, dann ist Ihr Smartphone langsam. Schließen Sie alle Tabs bis auf ein Tab, das Sie gerade benötigen. Lernen Sie immer eine Sache zu machen und seien Sie sich bewusst, was Sie da gerade tun. Bruce Lee sagte: „Ich habe mehr Angst vor dem Mann, der einen Kick 1.000 Mal trainiert hat, als vor dem Mann, der 1.000 Kicks einmal trainiert hat." Nehmen Sie sich eine Sache vor und werden Sie der Beste darin, aber Sie müssen lernen, für eine gewisse Zeit alles andere auszublenden, damit die besten Ergebnisse daraus resultieren können.

Entscheidungen

„Es ist besser, unvollkommene Entscheidungen durchzuführen, als ständig nach vollkommenen Entscheidungen zu suchen, die es niemals geben wird." – Charles de Gaulle

Kennen Sie die Menschen, die erst ja sagen, dann nein, dann wieder ja, dann nein und am Ende sagen sie vielleicht? Diese Menschen spiegeln eines wider, und zwar Unsicherheit. Sie sind sich in ihrer Entscheidung nicht sicher, weil sie keine Prioritäten gesetzt haben. Wenn die Prioritäten klar sind, dann ist es einfach, Entscheidungen zu treffen.

Vergleichen Sie die Art und Weise, wie ein normaler Mensch durch die Stadt geht und wie ein Manager durch die Stadt geht. Sie wissen, worauf ich hinaus will: Ein Manager geht direkt und aufgeschlossen zu einem Ziel, denn er weiß, wohin er muss. Die anderen bummeln in der Stadt herum und drehen noch ein paar Runden. Lernen Sie Entscheidungen SCHNELL zu treffen. Überlegen Sie nicht lange hin und her, denn es gibt keine falsche und richtige Entscheidung. Die einzige falsche Entscheidung, die Sie treffen können, ist, dass Sie keine Entscheidung treffen.

Wie lange benötigen Sie, um ein Gericht im Restaurant auszuwählen? Die meisten schauen gefühlt stundenlang auf die Karte und nehmen dann das, was sie immer nehmen. Wenn eine Frau Sie fragt, was Sie heute unternehmen wollen oder wo Sie heute essen gehen wollen, wirkt es sehr viel attraktiver, wenn Sie sich schnell entscheiden können. Wenn Sie lange hin und her überlegen, denkt sich Ihr Gegenüber nur: Was ist das denn für ein Mann, der kann nicht einmal ein Restaurant auswählen.

Falls Sie sich entscheiden in den Urlaub zu fahren, und es anfängt zu regnen, dann ärgern Sie sich nicht – seien Sie froh, dass es nicht hagelt! Suchen Sie nach der Praline. Dadurch, dass es regnet, lernen Sie vielleicht eine interessante Person kennen, haben auf einmal eine Erkenntnis gewonnen oder eine Idee entwickelt, die Gold wert ist. Die Kunst ist es, immer nach der Praline zu suchen.

Wenn Sie gewisse Standards in Ihrem Leben implementiert haben, fallen Ihnen Entscheidungen leicht und Sie fallen schnell. Häufig erhalte ich Einladungen mit Leuten irgendwo trinken zu gehen. Früher, als ich noch getrunken habe, habe ich lange benötigt, bis ich jemanden zugesagt habe. Jetzt bin ich mir meines Zieles bewusst und mein Standard ist es grundsätzlich nicht zu trinken, deshalb lehne ich diese Einladungen größtenteils ab. Denn sobald die Menschen betrunken sind, fangen sie an über ihre Träume zu reden, anstatt an ihnen zu arbeiten und sie zu verwirklichen.

Informationen

„Nachrichten sind keine zweckdienlichen Hinweise. Wir können uns nur selten nach ihnen richten." – Erhard Blanck

Vermögende Menschen wählen selbst ihre Informationsquellen aus und informieren sich aus den verschiedensten Quellen. Die Informationen, die die Allgemeinheit erreichen, sollten Sie bewusst meiden. Wir leben in einer Informationsüberflut, d. h. Unternehmen, Journalisten, die Presse und wer auch sonst immer Informationen bereitstellt, muss versuchen, dass Sie sie irgendwie konsumieren.

Fernsehen, Radio, Zeitungen, Internet usw. Die Liste ist lang. Es ist witzig, denn jetzt, während ich diese Zeilen schreibe, sitze ich in einem Café auf dem Campus, wo im Hintergrund ein Radio läuft. Dieses Radio berichtet von Unwetterwarnungen, Staus und Gaffer-Problemen bei Unfällen. Alles negativ. Diese Infos benötigen wir nicht.

Gute Informationsquellen zu finden, ist nicht einfach. Aber bevor Sie keine guten gefunden haben, informieren Sie sich lieber gar nicht, anstatt falsch. Machen Sie lieber kein Investment als ein falsches.

Je nachdem, welches Themengebiet für Sie interessant ist, benötigen Sie unterschiedliche Informationen. Wer sich in Bezug auf Aktien up to date halten möchte, der sollte die Bücher von Warren Buffett, George Soros, Peter Lynch o. Ä. lesen oder nach diesen Personen recherchieren, woher sie ihre Informationen beziehen. Wer bezüglich Marketing etwas lernen möchte, der sollte nach

Gary Vaynerhuck suchen. Marketing ist für mich auch interessant und ich selbst habe ein Praktikum im Bereich Online-Marketing absolviert, in dem ich eine Menge gelernt habe. An dieser Stelle möchte ich erneut meinen Dank an Oliver Lorenz aussprechen, der mir damals die Chance gegeben hat, dieses Praktikum wahrzunehmen. Das Interessante ist, dass ich im Studium im Fach Marketing durchgefallen bin und von den Professoren kaum etwas gelernt habe. Im Praktikum oder durch die Inhalte von Gary Vaynerchuck habe ich dagegen viel gelernt. Das heißt, dass ich mit den Informationen vom Studium im Fach Marketing nicht viel anfangen konnte, aber durch mein Praktikum konnte ich sehen, woher erfolgreiche Marketer Ihre Informationen beziehen.

Und wenn Sie sich Warren Buffet anschauen, ein extrem erfolgreichen Investor, was glauben Sie, von wo er seine Informationen herholt? Von Brokern? Investment Zeitschriften? Finanztipps aus dem TV? Aus der Politik? Nein, er liest lediglich Geschäftsberichte.

Effektivität vs. Effizienz

„I will always choose a lazy person to do a difficult job, because he will find an easy way to do it." – Bill Gates

"Ich wähle immer einen faulen Menschen für eine schwierige Aufgabe, denn er wird einen einfachen und schnellen Weg finden, diese Aufgabe zu bewältigen." – Bill Gates

Effektivität bedeutet, dass man die richtigen Dinge tut. Effizienz bedeutet, dass man die richtigen Dinge richtig umsetzt. Wenn Sie einen Baum fällen wollen, dann können Sie versuchen, den Baum mit einem kleinen Messer zu Fall zu bringen oder mit einer Axt. In beiden Fällen werden Sie Ihr Ziel erreichen, aber bei der zweiten Variante wird es deutlich schneller gehen. Entwickeln Sie Strategien, die Ihre Resultate positiv beeinflussen. Stellen Sie sich vor, Sie haben eine Stunde Zeit einen Baum mit einer Axt zu fällen. Wie gehen Sie vor? Viele würden einfach drauf loshacken. Sie könnten aber auch die Axt schärfen, dann einen Punkt ausmachen, um den Baum zu fällen und zum Schluss anfangen die Axt zu benutzen. Mit der richtigen Strategie können Sie es sich einfacher machen und gleichzeitig bessere Ergebnisse mit weniger Aufwand erzielen.

Wenn Sie ein Buch lesen, ist das gut, aber Sie müssen umsetzen, was dort drin steht. Früher dachte ich immer: In jedem Buch stehen so viele Übungen drin, wie soll ich die denn alle machen? Ich habe mir einfach die Übungen rausgepickt, die mir sinnvoll erschienen, und heute ist es gar kein Aufwand mehr für mich. Es ist wie Zähne putzen, die Übungen sind ein fester Bestandteil meines Alltags geworden und laufen vollkommen automatisiert ab. Durch Effizienz gelangen Sie schneller zu Ihren gewünschten Ergebnissen und sehen eher Resultate.

Umsetzung

„Vision without execution is delusion." – Thomas Edison

"Eine Vorstellung ohne ihre Ausführung ist ein Trugbild." – Thomas Edison

Wenn ein Mensch etwas lernt und dann merkt, dass das Gelernte durchaus Sinn macht und ihm von Nutzen sein kann, eignet sich derjenige entweder mehr Wissen an oder er setzt das Gelernte um. Der Großteil eignet sich noch mehr Wissen an, um „perfekt zu starten". Wenn Sie sich so viel Wissen aneignen möchten, dass Sie perfekt starten können, werden Sie niemals starten. Belächeln Sie nicht die jungen Leute, die sich selber ins kalte Wasser schmeißen. Sie sollten sich von diesen lieber eine Scheibe abschneiden. Diejenigen, die ein Auto fahren wollen, benötigen einen Führerschein. Wenn Sie nur für den theoretischen Teil lernen und sich dort immer mehr Wissen aneignen, können Sie trotzdem noch nicht fahren. Sie müssen anfangen zu fahren, damit Sie fahren können.

Die Umsetzung ist essentiell wichtig und trennt die Spreu vom Weizen. Brechen wir es zur Veranschaulichung einfach runter. Stellen Sie sich vor, wie viele Leute in Ihrem direkten Umfeld zum Beispiel lesen. Ein statistischer Wert hat ergeben, dass lediglich 10% der Leser über das erste Kapitel hinaus lesen. Aber was noch viel wichtiger ist, ist die Umsetzung des Gelesenen. Der prozentuale Anteil derer, die das Gelesene umsetzen, ist minimal.

Sie müssen lernen und umsetzen, lernen und umsetzen, dies geht so die ganze Zeit. Stellen Sie sich vor, jemand veröffentlicht ein Video, mit dem er Ihnen aufzeigt, wie man in einem Monat durch hartes Training und eine gesunde Ernährung fünf Kilo verliert. Sie sind selbst Ernährungsexperte oder Fitnesstrainer und wissen viel mehr, als diese Person, die das Video veröffentlicht hat. Durch Ihr Programm würden die Menschen sogar sieben Kilo verlieren und müssten weniger trainieren und sich auch nicht so gesund ernähren, wie die Person davor es erklärt hat. In dem Video finden Sie einige Aussagen, die evtl. nicht ganz richtig sind.

Sie wissen mehr, als die andere Person, aber die andere Person hat etwas umgesetzt (das Video hochgeladen) und dementsprechend kann die Person mehr Kunden generieren, die an seinem Programm teilnehmen, da der größte Teil der Kunden überhaupt keine Ahnung von Ernährung und Fitnessübungen hat.

Haben Sie keine Angst, Fehler zu machen, denn aus Fehlern lernen Sie. Es wird immer Menschen geben, die etwas zu kritisieren haben oder Sie nicht mögen. Sie könnten sogar mit allem Recht haben, was Sie sagen. Trotzdem passt gewissen Leuten Ihre Art nicht und deshalb erhalten Sie persönliche Kritik.

Übersicht der Aufgaben:

- Schreiben Sie Ihre Stärken und Schwächen auf.
- Führen Sie ein Erfolgsjournal.
- Erstellen Sie eine Assetliste
- Fokussieren Sie sich auf eine Sache

5. HINDERNISSE

Angst

„Hinter deiner größten Angst steckt dein größter Erfolg." – Timothy Ferriss

Angst ist etwas, was immer da sein und niemals verschwinden wird. Deswegen macht es keinen Sinn zu warten, bis die Angst verfliegt, denn das wird sie nicht und das ist auch gut so. Das Gegenteil von Angst ist nicht Mut. Denn mutig ist derjenige, der Angst hat und trotzdem handelt.

Sie müssen lernen, mit der Angst umzugehen, und sich die Gewohnheit aneignen, trotzdem zu handeln. Würden Sie ein Geschäft eingehen, bei dem Sie 100.000 Euro verdienen können? Vermutlich ja. Würden Sie ein zweites Geschäft eingehen, bei dem Sie 100.000 Euro verdienen, aber möglicherweise auch 100.000 Euro verlieren können? Die meisten würden das zweite Geschäft ablehnen, weil es ihnen nicht sicher genug ist. Ein Schiff ist im Hafen sicher, aber dafür wurde es nicht gebaut. Hätten Sie mehr Angst, 1.000.000 Euro zu verlieren oder 10.000 Euro? Je mehr Sie haben, desto mehr können Sie auch verlieren.

Stecken Sie sich große Ziele und Visionen, so groß, dass sie Ihnen Angst machen. Denn nur wenn Sie Angst davor haben, fordert Ihr Ziel Sie heraus. Diese Angst ist meistens so groß, dass Sie diese auf kleinere Dinge herunterbrechen müssen, damit Sie lernen die Angst zu spüren und trotzdem zu handeln. Sie können die Angst herunterbrechen, indem Sie kleine Dinge tun, die Sie sich noch nie getraut oder gemacht haben wie Liegestütze in einem Einkaufszentrum, Hinsetzen in einer Supermarktschlange, mit einer fremden Person einen Selfie machen oder einen Unbekannten auf einen Kaffee einladen. Gehen Sie morgen raus und laden Sie eine fremde Person auf einen Kaffee ein. Was ist das Schlimmste, was Ihnen passieren kann? Richtig, dass die Person nein sagt – das war's auch. Es gibt da draußen so viele Menschen, die mit Ihnen liebend gerne einen Kaffee trinken würden, Sie müssen nur danach fragen.

Durch diese kleinen Dinge erweitern Sie Ihre Komfortzone. Wenn Sie Ihre Komfortzone verlassen, wachsen Sie. All die Dinge, die Sie haben und erreichen wollen, befinden sich außerhalb dieser Zone. Weit außerhalb dieser Zone.

Falls Sie sich aber nur innerhalb bewegen wollen, dann werden Sie diese Dinge nicht bekommen. Wenn Sie etwas erreichen möchten, was Sie vorher noch nie erreicht haben, dann müssen Sie etwas tun, was Sie vorher noch nie getan haben. Sobald Sie anfangen, sich außerhalb Ihrer Komfortzone zu bewegen, dann werden Sie irgendwann merken, wie viel Spaß es macht, das zu tun, und wie langweilig es ist sich innerhalb der Komfortzone zu befinden!

Wenn es eine Person gibt, der Sie Ihre Gefühle äußern möchten, es aber aus Angst vor einer Abweisung nicht können, dann werden Sie niemals erfahren, was passiert wäre, wenn. Vielleicht sehen Sie diese Person zehn Jahre später wieder mit einem Partner und Kindern. Sie hätten der Partner sein können, es hätten Ihre Kinder sein können, Sie hätten lediglich hingehen und es ihr damals sagen müssen. Wenn es nicht geklappt hätte, wären Sie ja trotzdem genau dort, wo Sie auch heute stehen; Sie stehen also nicht schlechter da, aber Sie haben die Gewissheit, dass Sie es versucht haben.

Michael Jordan sagte eins: „You miss every shot you don´t take", was so viel heißt wie, dass wir nicht treffen können, wenn wir Angst haben zu werfen. Als ich früher mit meinen Freunden durch die Stadt gelaufen bin und noch unreif und oberflächlich war, habe ich mich oft über bestimmte Paare gewundert, die Händchen hielten. Ich dachte mir immer wie es sein kann, dass diese hübsche Frau mit diesem Typen zusammen ist. Ich habe es mit meinen Freunden damals nie verstanden und wir haben uns darüber unterhalten, denn wir waren aus unserer Sicht viel attraktiver, sportlicher, vitaler usw. Was wir damals noch nicht hatten, war eine eigene Persönlichkeit und keine Eier in der Hose. Wir haben unsere echten Gefühle nicht nach außen hin gezeigt, weil wir es mit Schwäche assoziiert haben. Wir hatten Angst, unsere Maske als Mann abzunehmen und unsere verletzbare Seite zu zeigen, weil sie nach unserer damaligen Auffassung nicht männlich wäre. Wir hatten auch Angst zu werfen, deshalb konnten wir nicht punkten. Wirf einfach! Wenn du es nicht tust, wird es jemand anderes für dich tun und den Preis, die Person oder den Erfolg erhalten, den du innerlich so begehrt hast.

Einer der reichsten Orte der Erde ist der

Friedhof. Auf einem Friedhof ist so viel nicht genutztes Potenzial begraben. So viele Ideen, die diese Menschen hatten, wurden nicht umgesetzt. So viel Liebe und Zuneigung, die empfunden wurde, wurde niemals geteilt. So viele großartige Unternehmen sind nicht entstanden. Aus welchem Grund? Aus Angst. Wollen Sie auch zu diesem Reichtum addieren?

Angst hindert viele Menschen daran, finanziell frei zu werden. Denn häufig genug entscheiden wir uns für die ‚sichere Variante', bei der nichts schief gehen kann. Hören Sie in sich selbst hinein, was Sie wirklich in diesem Leben bewegen wollen, wo Sie hinwollen oder was Sie auf diesem Planeten positiv verändern möchten. Wenn Sie danach gehen, werden Sie vermögend. Das einzige Hindernis ist Ihre Angst. Angst wird aber niemals verfliegen, sie wird immer da sein. Egal wie weit Sie als Mensch sind, trauen Sie sich.

Führen Sie ein Gespräch mit einer älteren Person und fragen Sie sie, was diese Person bereut hat, NICHT in ihrem Leben getan zu haben. Aus diesen Gesprächen können Sie viel lernen und es selbst anders machen. Fragen Sie aber Menschen, bei denen Sie wissen, dass Sie eine ehrliche Antwort erhalten und keine, die Sie hören sollten.

Probleme

„When life puts you in tough situations, don´t say 'why me', just say 'try me'." – Unknown

"Wenn Sie sich in einer schwierigen Phase Ihres Lebens befinden, sagen Sie sich nicht ‚Warum immer ich', sondern sagen Sie zu diesem Test ‚Versuche es doch'." – Unbekannt

Ein Problem ist nichts anderes als seine ungelöste Aufgabe. Verwenden Sie ab jetzt für das Wort Problem Herausforderung. Die meisten laufen da draußen herum und denken sich, alles wäre super, wenn sie keine Probleme hätten. Sie irren sich, ohne Probleme hätten sie keine Herausforderungen und dadurch würden sie nicht mehr wachsen. Dadurch, dass sie nicht mehr wachsen, stehen sie still, und Stillstand bedeutet Tod. Wenn Sie ein Problem gelöst haben, folgt direkt das nächste, und das ist deutlich größer als das vorherige – aber wie Sie wissen, ist es ja lediglich eine Herausforderung. Wenn Sie viele Probleme lösen können, können Sie vielen Menschen helfen, denn Sie stellen dadurch einen gewaltigen Mehrwert dar.

Schreiben Sie sich Ihre drei aktuell größten Herausforderungen auf und fragen Sie sich, ob es wirklich Herausforderungen sind oder nicht. Reden über das Problem macht das Problem größer, reden über die Lösung macht die Lösung wahrscheinlicher.

Skalieren Sie Ihre Probleme von 1 bis 10. Überlegen Sie, welche Probleme Sie früher hatten und wie Sie diese skalieren würden. Die Matheklausur damals, der Schulabschluss oder sonstiges. Wenn Sie heute diese Dinge nochmal machen müssten, wäre das kein Problem mehr für Sie, weil es keine Herausforderung mehr für Sie wäre. Sollten Sie Ihr größtes Problem JETZT angehen, dann wachsen Sie gewaltig und skalieren sich dadurch selbst eine Stufe höher. Überlegen Sie sich den Preis, den Sie bezahlen würden, wenn Sie die Herausforderung nicht bewältigen. Umso mehr Probleme Sie bewältigen, umso höher werden Ihr Marktwert und Ihr Selbstvertrauen sein.

In einem alten indischen Dorf schrieben die Einwohner ihre Probleme auf einen Zettel und klebten ihn an einen Baum. Allerdings nur unter der Bedingung, dass sie einen anderen Zettel voller Probleme mitnahmen. Zuhause angekommen bemerkten die Einwohner, dass die Sorgen und Probleme anderer viel schwerfälliger waren, als die eigenen. Aus dem Grund gingen Sie wieder zum Baum, klebten den Zettel ran und nahmen ihre eigenen wieder mit.

Ausreden

„Alles wird teurer. Nur die Ausreden werden immer billiger." – Ernst Ferstl

Man möchte etwas ändern oder umsetzen. Dann fängt allerdings der Kopf an nach vielen Argumenten zu suchen, damit Sie sich herausreden können. Sie wollen einen prozentualen Teil Ihres Einkommens weglegen. Dann sagen Sie sich selbst jedoch, dass das nicht geht, da Sie nicht genügend haben.

Sie wollen eine körperliche Veränderung vornehmen, aber Sie haben nicht genügend Zeit, um laufen zu gehen oder zu trainieren. Sie möchten Ihren Job kündigen, aber Sie können es nicht, weil Sie überleben möchten.

Sie wollen in ein anderes Land, in eine andere Stadt ziehen, aber Ihre Kinder gehen bereits hier zur Schule und das wäre alles ein Durcheinander.

Jeder kennt es, wenn man eine Veränderung vornehmen möchte, aber es letzten Endes doch nicht tut, da nach Ausreden gesucht wird. Es gibt Menschen, die reden sich etwas EIN und es gibt diejenigen, die reden sich aus etwas HERAUS.

Sie hindern sich selbst daran, in Ihrem eigenen Leben Fortschritte zu machen und zu wachsen, indem sie sich gedankliche Blockaden setzen. Sie müssen erst Ihr altes Ich bekämpfen und besiegen, damit Ihr neues Ich wachsen kann. Überlegen Sie sich, wann es das letzte Mal war, als Sie sich was vorgenommen haben, z. B. an Neujahr und wie lange Sie Ihren Neujahrsvorsatz durchgezogen haben. Sie gehen einen Fight mit Ihrem alten Ich ein; Ihr altes Ich vs. der neuen Person, die Sie vorhaben, zu sein. Häufig gewinnt Ihr altes Ich, nicht wegen Ihnen, sondern mangels schlechter Vorbereitung.

Kaufen Sie sich nicht top Sportschuhe, gute Kleidung für den Sport oder ein Stirnband, auf dem ‚No Pain No Gain' draufsteht, sondern fangen Sie einfach an.

Es wird die Zeit kommen, da können Sie sich so etwas kaufen, weil es zu Ihnen passt, aber Sie wachsen da hinein. Steve Jobs hatte eine Garage, in der er anfing, kein Bürokomplex.

Versetzen Sie sich gedanklich in eine Lage, in der es Ihnen noch schlechter geht. Angenommen Sie wollen sich weiterbilden und abends einen Kurs für die nächsten zwei Jahre besuchen, reden sich jedoch ein, dass es nicht geht, weil Sie dann nicht genügend Zeit für Ihren Partner hätten. Was wäre es, wenn Sie in der gleichen Situation sind, in der Sie sind, aber statt nur einem Partner, noch zwei Kinder haben, um die Sie sich kümmern müssen? Sie wollen einen Marathon laufen, schaffen es sich aber nicht, aufzurappeln. Was wäre, wenn Sie nur ein Bein hätten? Wäre Ihre Ausrede „Ich habe nur ein Bein, deshalb kann ich keinen Marathon laufen"? Es gibt Menschen, die mit einem Bein und einer Prothese einen gelaufen sind. Hören Sie auf, Ausreden zu finden und konfrontieren Sie sich mit Ihrem alten Ich und sagen Sie Ihrem alten Ich, dass es für das neue Ich Platz machen soll, das ab jetzt sein Leben selbst in die Hand nimmt.

Niederlagen

"I´ve missed more than 9000 shots in my career. I´ve lost almost 300 games. 26 times, I´ve been trusted to take the game winning shot and missed. I´ve failed over and over and over again in my life. And that is why I succeed." – Michael Jordan

"Ich habe in meiner Karriere mehr als 9000 Mal danebengeworfen. Ich habe fast 300 Spiele verloren. 26 Mal durfte ich den spielentscheidenden Wurf abgeben und habe ihn verhauen. Ich bin in meinem Leben ein ums andere Mal gescheitert. Genau das ist es, was mich erfolgreich gemacht hat." – Michael Jordan

Sollten Sie etwas Neues ausprobieren und es am Anfang nicht klappt, wie viele Versuche würden Sie sich geben? Schreiben Sie sich Ihr Ziel auf und notieren Sie daneben, wie viele Versuche Sie sich selbst dafür geben würden.

Wenn Sie ein kleines Kind hätten, das das Gehen lernen möchte, wie viele Versuche würden Sie ihm geben? Vergleichen Sie die Zahl, die Sie zuerst aufgeschrieben haben, mit der zweiten. Lassen Sie mich raten: Beim zweiten Fall haben Sie aufgeschrieben, dass Sie Ihrem Kind so viele Versuche geben würden, bis es das Gehen erlernt hat. Dadurch haben Sie die Antwort, wie viele Versuche Sie sich selbst geben müssen! Schauen Sie sich die erfolgreichsten Persönlichkeiten an. Sie haben alle etwas gemeinsam, und zwar, dass sie gefallen sind. Sie haben gelernt, dass Niederlagen Teil des Erfolgs sind.

Schreiben Sie Ihre größte Niederlage auf und überlegen Sie, was Sie daraus gelernt haben. Wenn Ihnen jetzt nichts einfällt, dann haben Sie nie etwas riskiert, dann haben Sie nie wirklich gelebt.

Cristiano Ronaldo verließ mit 12 Jahren sein Zuhause, um Profifußballer zu werden. Er hat während dieser Zeit sehr viel geweint und vermutlich eine seiner härtesten Zeiten überhaupt durchlebt. Nicht nur, dass er von der Familie weg war – die Mitschüler verspotteten ihn wegen seinem Akzent und er fühlte sich dadurch gemobbt. Mit 15 Jahren wurde er am Herzen operiert, weil er einen Herzfehler hatte. Vier Jahre später stand er mit Portugal im Finale der EM gegen Griechenland und hat das Spiel verloren. Ein Jahr später verstarb sein Vater, der schon lange unter einem Alkoholproblem litt. Sein Bruder kämpfte mit Drogenproblemen. Im gleichen Jahr wurden zu Unrecht Vergewaltigungsvorwürfe gegen ihn erhoben. Ein Jahr später wurde er der Buhmann für die Engländer, als er bei der WM 2006 dafür sorgte, dass Wayne Rooney vom Platz flog. Experten meinten, dass die darauffolgende Saison für Ronaldo schwierig werden würde. Es war der zweite Spieltag, und sie spielten gegen Charlton Athletic. Als Ronaldo an diesem Spieltag auf den Platz auflief, spürte man von den Rängen ein Verlangen nach Vergeltung. Sämtliche Zuschauer pfiffen und buhten ihn aus. Sie schrien ihn an und beleidigten ihn. Als das Spiel anfing und Ronaldo zum Zug kam, dribbelte er ein paar Spieler aus und hämmerte die Kugel gegen das Aluminium. Die Kulisse verstummte in diesem Moment, denn sie fürchtete, Ronaldo könne die Mannschaft alleine abschießen. Er war gerade mal 21 Jahre jung und gab auf diese Weise eine Antwort, denn er hatte seine schlimmste Zeit mit 12 Jahren durchgemacht.

Cristiano Ronaldo hatte schon immer den Anspruch, der beste Fußballer der Welt zu sein, doch von 2009 bis 2012 wurde er immer nur Zweiter bei der Wahl des Weltfußballers hinter Messi. Es fühlte sich für ihn wie eine Niederlage an. Nach 2009, 2010, 2011 und 2012 war es dann endlich soweit: Er erhielt endlich die Auszeichnung, die er unbedingt wollte. Er weinte auf der Bühne, weil er diesen Moment so sehr gewollt hatte. Er wurde in fast jedem gegnerischen Stadion ausgepfiffen, aber er nahm es in Kauf, denn er kannte sein Ziel.

Es gibt Menschen, die wurden nicht geboren, um aufgehalten zu werden. Arjen Robben, ein Spieler des FC Bayern München, dem erfolgreichsten und zugleich meistgehassten Verein Deutschlands, verschoss in der Saison 2012 zwei Matchbälle. Der eine kostete dem Verein die Meisterschaft und der andere kostete dem Verein die Champions League. Robben wurde von den eigenen Fans ausgepfiffen und musste sehr viel Kritik einstecken. Ein Jahr später stand er mit seiner Mannschaft wieder im Finale der Champions League, und Sie ahnen, wer das entscheidende Tor in der 89. Minute schoss. Genau, Arjen Robben, der im Anschluss seine Tränen nicht mehr verbergen konnte. Es war die erfolgreichste Saison des FC Bayern München, da sie das Triple geholt und somit Geschichte geschrieben hatten.

Sie können von diesen Menschen halten, was Sie wollen, ob Sie sie mögen oder nicht, aber sie alle haben diesen Tiefpunkt erreicht, wo sie vom Leben getestet wurden. Es gibt einen sehr schönen Film, in dem anschaulich gezeigt wird, wie heftig Menschen auf den Boden fallen können und was danach alles passieren wird. Dieser Film heißt „Das Streben nach Glück" mit Will Smith, und ich erinnere mich immer wieder gerne an die Szene, als Chris Gardner mit seinem kleinen Sohn Zuflucht auf einer Bahnhofstoilette suchte, den Boden mit Toilettenpapier bedeckte und weinte. Sie mussten die Nacht dort verbringen, weil sie kein Geld hatten und sie nirgendwo anders unterkommen konnten. Er hatte seinen Jungen im Arm, weinte und war am Tiefpunkt seines Lebens angekommen. Wenn Sie an so einem Punkt angelangt sind, dann wird Sie niemand aufhalten können, denn Sie wollen nie wieder in so eine Situation geraten. Sie werden ein Momentum aufbauen, welches alle Hindernisse durchbricht, die sich Ihnen stellen werden – wie ein Zug, der in Fahrt ist. Sie werden so viel Kraft und Power haben, weil Sie EMOTIONAL handeln. An diesem Punkt wird es in Ihnen brennen. Sie werden es so sehr wollen wie das Schnappen nach Luft, wenn

Sie zu lange unter Wasser sind. Sie erkennen erfolgreiche Menschen nicht an ihren Erfolgen, sondern an ihren Niederlagen. Diese haben sie geprägt, und heute schmunzeln sie über ihre Niederlagen. Wenn sich zwei Menschen treffen, treffen sich niemals zwei Menschen, sondern immer zwei Geschichten. Was ist Ihre Geschichte?

Übersicht der Aufgaben:

- Stellen Sie sich der Angst, laden Sie eine fremde Person auf einen Kaffee ein.
- Skalieren Sie Ihre Herausforderungen.
- Führen Sie ein Gespräch mit einer deutlich älteren Person und fragen Sie sie, was sie in ihrem Leben bereut hat nicht zu tun und warum nicht.
- Schreiben Sie sich die Anzahl der Versuche auf, die Sie sich für Ihren Traum geben.

6. FINANZIELLES BASISWISSEN

Finanzielle Grundlagen

„An investment in knowledge always pays the best interest." – Benjamin Franklin

„Ein Investment in Bildung erzielt immer die höchsten Renditen." – Benjamin Franklin

Wenn Sie die Wahl hätten zwischen dem Mindset eines Millionärs und 1.000.000 Euro auf Ihrem Konto, für was würden Sie sich entscheiden? So gut wie jeder würde sich für das Geld entscheiden. Wenn Sie sich auch für die 1.000.000 Euro entschieden haben, dann schreiben Sie jetzt auf, was Sie mit dem Geld machen würden.

Wenn Sie es aufgeschrieben haben, legen Sie den Zettel zur Seite, denn wir werden später darauf zurückkommen. Viele werden sich jetzt denken, wahrscheinlich ist die Wahl, 1.000.000 Euro zu nehmen, die falsche, aber ich mache es trotzdem. Es ist definitiv die falsche, denn wenn Sie massiv übergewichtig wären und vom einen auf den anderen Tag den Körper von Arnold Schwarzenegger zu seinen besten Zeiten hätten, könnten Sie diesen Körper niemals lange halten. Sie müssten vier bis fünf Mal in der Woche ins Fitnessstudio gehen, Ihre Ernährung komplett umstellen und ausreichend schlafen, damit sich die Muskeln erholen und regenerieren können. Da Sie aber weiter Fast Food essen und keinen Sport treiben, werden Sie in Ihren alten Zustand zurückkehren. In den meisten Fällen werden Sie dann mehr wiegen als vorher.

Wenn Sie Konsumschulden haben und durch diese eine Million Euro keine mehr haben, werden Sie nach geraumer Zeit mehr Schulden haben als vorher.

Erinnern Sie sich an das Beispiel mit dem Glas? Die 1 Million Euro wäre die zuzuführende Menge. Ihre Aufnahmekapazität hat sich allerdings noch nicht angepasst. Warum ist das so? Weil Menschen nicht auf die Idee kommen würden, erst einmal zu einem Finanzexperten zu gehen, ein Seminar über Finanzen zu besuchen oder Bücher über Finanzen zu lesen. Nein, der Großteil kauft ein Eigenheim, ein Auto, würde eine große Party feiern, eine Weltreise machen, sich den einen oder anderen materiellen Wunsch erfüllen und einen Teil zur Seite legen. Sie denken, dass ein Eigenheim ein Investitionsgut sei, was ein fataler Fehler ist. Diese 1 Million

Euro, für die Sie sich entschieden haben, stoßen Sie gedanklich ab. Schauen Sie Ihre Liste an. Es fließt zu den Leuten, die Geldmagneten sind, weil Sie den Unterschied zwischen Vermögenswerten und Verbindlichkeiten kennen und Sie bisher noch nicht.

Vermögenswerte vs. Verbindlichkeiten

„Neue Schulden zu machen ist nicht die feine Art, die alten Schulden auszugleichen." – George Washington

Unwissende Menschen kaufen Verbindlichkeiten und halten sie für Vermögenswerte. Ein Vermögenswert ist etwas, was Ihnen einen Ertrag abwirft. Sie könnten eine Immobilie kaufen und diese vermieten, dadurch würden Sie einen Ertrag erhalten. Das wäre ein Vermögenswert. Sie könnten aber auch eine Immobilie kaufen und selber drin wohnen, das ist kein Vermögenswert, weil es keinen Ertrag abwirft. Eine Verbindlichkeit ist eine verpflichtende Zahlung an jemand anderen. Wenn Sie Ihrem Freund 100 Euro leihen, dann haben Sie eine Forderung in Höhe von 100 Euro ihm gegenüber. Wenn Sie sich aber selber 100 Euro von Ihrem Freund leihen, dann haben Sie eine Verbindlichkeit in Höhe von 100 Euro ihm gegenüber.

Einige Menschen haben hohe Gehälter, aber trotzdem finanzielle Schwierigkeiten. Bei Ihnen führen höhere Einnahmen zu höheren Ausgaben. Sie kaufen sich das Neueste vom Neuesten, teure Autos, Yachten, Villen. Sie leben das Leben aus Sicht eines Konsumenten. Wenn Sie vermögend werden wollen, müssen Sie wie ein Unternehmer denken.

Wie hoch Ihr Einkommen ist, ist völlig egal. Sie müssen schauen, woher Ihr Geld kommt. Haben Sie einen Kredit von der Bank? Wenn ja, warum? Zusätzlich erhalten Sie einen Lohn, Gehalt oder sonstige Zahlungen. Wohin fließt Ihr Geld? Wahrscheinlich um Rechnungen zu bezahlen, für Freizeitaktivitäten, Unterhaltung, Miete etc. Aber wie wollen Sie denn so ein Vermögen aufbauen?

Sie müssen in Dinge investieren, die Ihnen zusätzliche Erträge abwerfen. Bauen Sie sich weitere Standbeine auf. Es ist kein Problem, wenn Sie Schulden haben. Die Frage ist nur, wofür haben Sie Ihre Schulden aufgenommen? Für Konsum oder für Investition?

Sie leihen sich Geld von Banken und kaufen

davon Verbindlichkeiten wie Häuser, Autos oder sonstiges, also alles, was sie selbst nutzen. Oder sie bezahlen es mit ihrem Einkommen. Ein weiterer Teil geht über in Konsum, Freizeit und Unterhaltung. Und wenn davon noch etwas übrig bleibt, wird dieser Rest gespart für einen späteren Konsum. Das ist der Grund, warum der Großteil nicht vermögend wird. Durch Konsum ist noch keiner vermögend geworden. Überlegen Sie sich zweimal, ob Sie ein Eigenheim auf Pump kaufen möchten. Wenn Sie Ihren Job verlieren, müssen Sie das Darlehen trotzdem tilgen. Wenn Sie es nicht können, dann haben Sie nicht nur keinen Job mehr, sondern auch einen Batzen Schulden am Hals.

Stellen Sie sich vor, Sie haben einen Kredit in Höhe von 500.000 Euro aufgenommen. Sie zahlen zehn Jahre lang brav die Raten an die Bank zurück und verlieren dann Ihren Job. Nach zehn Jahren haben Sie eine Restschuld von, sagen wir, 300.000 Euro. Wenn Sie Ihr Haus nicht schnell verkaufen, werden Sie dieses nicht halten können, und es droht eine Zwangsversteigerung oder die Bank behält es. Irgendjemand da draußen wird ein echtes Schnäppchen machen. Wenn Sie mehr Geld für Ihre Immobilie erhalten wollen, müssten Sie erst 50.000–70.000 Euro in das Haus stecken. Aber Sie erhalten nirgends einen Kredit, da Sie keinen Job haben und mit 300.000 Euro in der Kreide stehen. Schlechte Bonität, schlechte Aussichten. Ihr Kartenhaus fällt zusammen. Das Haus wird für 200.000 Euro verkauft und Sie haben 100.000 Euro Restschulden. Jetzt müssen Sie zusehen, wie Sie einen neuen Job finden, von den Schulden loskommen und Ihr Leben wieder auf die Reihe kriegen oder melden Privatinsolvenz an.

Wenn Sie zur Miete gewohnt hätten, könnten Sie einfach ausziehen, eine kleinere, günstigere Wohnung suchen und sich neu sortieren. Sie hätten keine Schulden und nicht dieses ganze Schlamassel am Hals. Wenn etwas kaputt geht, wofür Sie nicht verantwortlich sind, rufen Sie einfach Ihren Vermieter an. Der muss sich darum kümmern und auch die Rechnung dafür begleichen. Deshalb macht es durchaus mehr Sinn, zur Miete zu wohnen. Ein Eigenheim auf Pump zu kaufen, welches dazu vielleicht noch einen schlechten Standort hat, ist sehr gefährlich. Es ist wie ein Fass ohne Boden und zudem illiquide, d.h. Sie können es nicht schnell in Bares ummünzen. Schauen Sie sich jetzt an, was Sie mit der Million gemacht haben, die Sie oben erhalten haben. Welche Dinge, die Sie aufgeschrieben haben, waren Vermögensgegenstände, welche waren Verbindlichkeiten?

Inflation

„Inflation ist eine Art Steuer, die nicht vom Gesetzgeber genehmigt werden muss." – Milton Friedmann

Was genau ist eine Inflation und warum wird sie von vielen Menschen ignoriert? Inflation ist eine Steuer, die den Schuldnern (jemand, der Schulden hat) zu Gute kommt. Ein simples Beispiel: Wenn 10 Euro und 10 Stück Brote im Umlauf wären, dann würde jeder Euro einem Stück Brot entsprechen und jedes Stück Brot einem Euro. Wenn jetzt 10 Euro mehr in Umlauf geraten, stünden 20 Euro gegenüber 10 Stücken Brot. Dadurch würde 1 Euro einem halben Brot entsprechen und 1 Stück Brot bereits 2 Euro.

10 € im Umlauf	10 Stück Brot Umlauf
1 € entspricht	1 Stück Brot
1 Stück Brot entspricht	1 €

20 € im Umlauf	10 Stücke Brot im Umlauf
1 € entspricht	½ Stück Brot
1 Stück Brot entspricht	2 €

Das Geld verliert somit an Wert. Da viele einen gewissen Teil sparen oder auch so zur Seite legen, verlieren sie an Kaufkraft. Sie verzichten auf jetzigen Konsum und erhalten auf ihrem Konto weniger Zinsen gegenüber der Inflationsrate. Ein kleines Beispiel: Sie legen einen Teil Ihres Geldes auf ein Sparbuch mit 0,5% Zinsen an, z. B. 100.000 Euro. Die Inflation liegt bei 2%. Nach einem Jahr freuen Sie sich, dass Ihre 100.000 auf 100.500 Euro angewachsen sind. Diese 100.500 Euro entsprechen jetzt allerdings nur noch einer Kaufkraft von 98.490 Euro (100.500 Euro × 0,98). Da auf dem Bankkonto weiterhin 100.500 Euro stehen, nehmen die meisten das gar nicht wahr. Die Zinssätze für Sparbücher liegen zwischen 0 und 0,5%, einige wenige Banken bieten einen etwas höheren Zinssatz an. Onlinebanken bieten immer einen etwas höheren

Zinssatz als die Geschäftsbanken. Deshalb macht es Sinn, sich ein Tagesgeldkonto zuzulegen, dort zahlt man auch keine Kontoführungsgebühren.

Die EZB versucht jährlich eine Inflation von 2% zu erzielen. Die ist an sich auch gut, denn eine geringe Inflation ist gesund. Eine Deflation wäre hingegen sehr gefährlich. Ein Vergleich: Bei einer sehr hohen Inflation kostet Ihr Sonntagsbrötchen auf einmal 1.000.000 Euro. Gleichzeitig haben Sie 200.000 Euro Schulden. Das führt dazu, dass Ihre Gläubiger enteignet werden und Sie gar nicht mal schlecht dastehen. Wenn wir aber eine starke Deflation hätten und mit 10 Euro bereits ein ganzes Haus kaufen könnten. Sie aber in diesem Fall auch 200.000 Euro Schulden abbezahlen müssten, dann hätten Sie ein großes Problem. Ihre Bonität wird abgestuft, die Banken verleihen Geld nur zu extrem hohen Zinssätzen, es würde sehr viele Zahlungsausfälle und Insolvenzen geben. Die Arbeitslosigkeit würde steigen, da die Unternehmen die hohen Löhne nicht mehr bezahlen können. Dadurch haben die Leute weniger Geld, die Nachfrage sinkt, die Produktion wird zurückgefahren usw. Ein deutlich gefährlicheres Szenario als bei einer zu hohen Inflation. Beides ist im Extrem natürlich nicht gut.

In den letzten 24 Jahren lag die durchschnittliche Inflation bei ca. 1,78% jährlich. Die verfügbare Geldmenge bestimmt das Preisniveau, und die Wachstumsrate der Geldmenge bestimmt die Inflationsrate. Unter folgendem Link können Sie sich die Inflation der letzten Jahre ansehen: *http://de.statista.com/statistik/daten/studie/ 1046/umfrage/inflationsrate-veraenderung-des-verbraucherpreisindexes-zum-vorjahr/*

Deshalb gilt es, mit der eigenen Rendite die Inflation zu schlagen, damit Sie nicht an Kaufkraft verlieren. Bei 2% Inflation und 0% Zins sieht es wie folgt aus: Ihre 100.000 Euro sind in einem Jahr 98.000 Euro wert, ein Jahr später 96.040 Euro und nach fünf Jahren ca. 90.400 Euro. Deshalb ist es wichtig, eine höhere Rendite gegenüber der Inflation zu erzielen.

Zinsen

„Je ratloser die Politiker den Problemen gegenüberstehen, desto mehr überträgt sich diese Unsicherheit auf Währungen, Zinsen und Aktienkurse. Denn der Mensch kämpft härter für seine Zinsen als für seine Rechte."
– Napoléon Bonaparte

Ein Zins ist nicht nur dafür da, das eigene Kapital zu vermehren, sondern er ist auch ein Indikator. Wenn Sie 20 Banken vergleichen und dort Zinssätze zwischen 3 und 5% angeboten werden, ist es häufig so, dass die etwas bekannteren Banken einen geringeren Zinssatz anbieten als unbekanntere. Viele halten jene Banken nämlich für vertrauenswürdiger und legen Ihr Geld lieber dort an. Ein Zins ist eine Risikoausfallprämie. Sie erhalten einen Zins, weil es sein kann, dass die Zahlung ausfällt. Umso höher der Zins ist, desto höher die Wahrscheinlichkeit, dass die Zahlung ausfällt.

Unbekanntere Banken bieten meist höhere Zinssätze an, um Kunden zu gewinnen. Seien Sie bei Fällen gewarnt, wenn eine Bank aus der Reihe tanzt und beispielsweise 10%

anbietet, während alle anderen zwischen 3 und 5% Zinsen bieten, denn dann stimmt etwas nicht. Auch wenn diese Bank eine gute Reputation hat, sollten Sie hier niemals Ihr Geld anlegen. Wenn der Döner überall zwischen 3 und 4 Euro kostet und Sie dann eine Dönerbude finden, die den Döner für 10 Cent anbietet, kommen Sie doch auch ins Grübeln, oder? Die Bank, die einen deutlich höheren Zinssatz anbietet als andere, ist illiquide. Das heißt, sie hat finanzielle Schwierigkeiten. Die Bank braucht dringend Geld, um Ihr Geschäft weiter am Leben zu halten und sich erst einmal über die Runden zu retten und bietet somit einen hohen Zinssatz an. Deshalb ist hier Vorsicht geboten. Der Zins ist ein mächtiges Werkzeug und wurde früher zu Recht verboten. Denn wie Sie aus dem einen Beispiel ja wissen, geht die Rechnung nicht auf, wenn nur 100 Euro im Umlauf sind und ich Ihnen diese 100 Euro nach einem Jahr mit 5% zurückgeben muss. Eine noch viel mächtigere Waffe als der Zins ist der Zinseszins. Der Mensch ist nicht in der Lage exponentiell zu denken, sondern nur linear. Was glauben Sie, welche Zahl rauskommt, wenn Sie einen Euro zu einem Zinssatz von 5% für 1000 Jahre anlegen würden? Schreiben Sie mal eine Vermutung auf.

Ergebnis: 1.546.318.920.731.992.500.000 Euro! Das sind 1,5 Trilliarden Euro. Kurze Übersicht, damit Sie sehen, wie riesig diese Zahl ist:

1 Millionen	1.000.000
1 Milliarde	1.000.000.000
1 Billionen	1.000.000.000.000
1 Billiarde	1.000.000.000.000.000
1 Trillion	1.000.000.000.000.000.000
1 Trilliarde (1.546.318.920.731.992.500.000)	1.000.000.000.000.000.000.000
1 Quadrillion	1.000.000.000.000.000.000.000.000

Natürlich sind 1000 Jahre ein sehr großer Zeitraum, aber es soll Ihnen auch nur einmal die Dimension veranschaulichen. Mit lediglich einem Euro und keiner Zuzahlung, das ist Wahnsinn! Das Guthaben steht den Schulden 1:1 gegenüber wie ein Spiegel. Wenn Deutschland 1 Billionen Euro Guthaben hat, muss jemand anderes 1 Billionen Euro Schulden haben. Aber durch Zins und Zinseszins kann diese Rechnung nicht mehr aufgehen. Nutzen Sie diese mächtige Waffe für sich.

Übersicht der Aufgaben:

- Schreiben Sie auf, was Sie mit 1.000.000 Euro machen würden.
- Schreiben Sie hinter die Dinge, die Sie virtuell für 1.000.000 Euro erworben haben, ob es sich um Vermögenswerte oder Verbindlichkeiten handelt.

7. WIE SIE IHR VERMÖGEN AUFBAUEN

Puffer

„Wer glücklich ist, kann glücklich machen – wer´s tut, vermehrt sein eigenes Glück." – Johann Willhelm Ludwig Gleim

Wie viele Tage könnten Sie von heute an überleben, wenn Sie kein Einkommen mehr bekommen würden? Wären es Monate, Wochen, Tage oder gar nur Stunden? Eine gute Reserve sind drei bis sechs Nettomonatsgehälter. Es stellt nicht nur eine Absicherung für Sie dar, sondern dient auch dafür, dass Sie bei günstigen Geschäften zuschlagen können. Deshalb ist es wichtig, immer genug liquide Mittel zur Verfügung zu haben.

Ein kleines Beispiel: Sie haben mit Fußball nichts am Hut, aber Sie hören von einem günstigen Angebot für zwei Tickets für ein WM-Finale. Sie könnten diese Karten kaufen und sehr teuer weiterverkaufen, aber Sie haben gerade kein Geld, um diese Karten zu bezahlen. Durch dieses Geschäft entgeht Ihnen leicht und schnell verdientes Geld. Sie müssen immer genug liquide Mittel zur Verfügung haben. Wenn die nächste Finanzkrise kommt, können Sie Unternehmensanteile sehr günstig erwerben.

Ein weiterer Aspekt ist, dass Sie sich einfach wohler fühlen, wenn Sie so eine Reserve haben. Sollten Sie keine Lust mehr auf Ihren Job haben und ihn kündigen, erhalten Sie drei Monate lang nach der Kündigung keine Zahlung, wenn Sie selbst kündigen. Aber das wäre ja kein Problem, weil Sie sich einen Puffer zugelegt haben und sich dadurch neu orientieren können. Wenn unerwartete Dinge eintreten, dann sind Sie auch auf der sichereren Seite. Mit einem guten Puffer lässt es sich auf jeden Fall deutlich besser schlafen.

Sparen

„Lieber eine Stunde über Geld nachdenken als eine Stunde dafür zu arbeiten." – John Davison Rockafeller

An welchen Ecken und Kanten sparen Sie? Schauen Sie an der Spritsäule, ob der Preis bei 1,10 Euro oder bei 1,08 Euro steht? Hier schlagen die Leute zu und tanken 50 Liter für 1,08 Euro, um einen Euro zu sparen. Sie vergleichen Preise im Supermarkt und kaufen günstiger ein. An sich ist es toll, dass Sie dort schauen und sparen, und das können Sie auch gerne weiterhin machen.

Ich möchte Ihnen aber ein kleines Beispiel geben: Wenn ein riesiger Automobilkonzern schaut, wo er die günstigsten Schrauben und Muttern herbekommt, sich aber keine Gedanken darüber macht, wie er die Motoren herstellen kann, ist das nicht effizient. Der Konzern sollte sich lieber darüber Gedanken machen, ob die Motoren selbst hergestellt werden oder von jemandem anderes gefertigt werden sollen (Make or Buy). Bei den Motoren kann der Konzern deutlich mehr Geld einsparen als bei Schrauben, aber dafür müssen Sie den Markt genau beobachten, Rechnungen aufstellen und vergleichen. Der zeitliche Aufwand für die mögliche Ersparnis bei den Schrauben lohnt sich verhältnismäßig nicht gegenüber dem zeitlichen Aufwand für die mögliche Ersparnis bei den Motoren. Deshalb sollten Sie lieber viele verschiedene Banken, Finanzprodukte und Versicherungen vergleichen, anstatt zu schauen, ob der Käse im Supermarkt gerade 1,79 Euro oder 1,69 Euro kostet. Das tun die Menschen aber nicht, weil das, was der Berater Ihnen erzählt hat, sich gut angehört hat. Es wäre ja zu unbequem, so viele Banken zu vergleichen.

Ein weiterer wichtiger Aspekt ist die Frage, was Sie mit dem Gesparten machen. Die meisten konsumieren einfach mehr. Wenn beim Tanken ein Euro gespart wird, wird er woanders für einen Kaffee ausgegeben. Höherer Konsum wird Sie nicht vermögend machen. Es spielt auch überhaupt keine Rolle, wie viel Sie verdienen. Sie könnten 1.000 Euro monatlich verdienen und schneller vermögend werden als jemand, der 5.000 Euro monatlich verdient. Die Frage ist nicht, wie hoch Ihr Einkommen ist, sondern wie viel davon übrig bleibt. Überlegen Sie, mit wie viel Geld Sie monatlich auskommen würden. Reichen Ihnen monatlich 2.000 Euro, 5.000 Euro, 10.000 Euro oder brauchen Sie mehr? Wenn Sie nun eine Zahl haben, rechnen Sie aus, welche Summe Sie ansparen müssen, um von den Zinsen leben zu können. Das will ich Ihnen an einer Beispielrechnung erläutern:

Sie schauen, von welcher Rendite Sie ausgehen, und teilen 1200 durch diese Zahl. Bei 6% Rendite rechnen Sie 1200/6 und erhalten 200. Diese Zahl multiplizieren Sie mit der monatlichen Rate, die Sie benötigen, also

200 * 3.000 € = 600.000 €. Das wäre die Summe, die Sie benötigen, wenn Sie 3000 € monatlich wollen und von einem Zins von 6% ausgehen.

Ohne arbeiten zu gehen, ohne einen Finger krumm zu machen. Jetzt rechnen Sie aus, wie viel Sie monatlich zur Seite legen müssten, um möglichst schnell diesen Betrag zu erhalten. Damit haben Sie einen Überblick, welche Summe Sie ansparen müssten, um von den Zinsen leben zu können, und könnten versuchen, diese Summe so schnell wie möglich anzusparen.

Investments

„Never depend on single income, make investment to create a second source." – Warren Buffet

"Sei niemals von einer Einkommensquelle abhängig, investiere, um eine zweite Einkommensquelle zu erzeugen." – Warren Buffet

Schreiben Sie mal alle Investitionsmöglichkeiten auf, die Sie kennen. Ein Investment bedeutet nicht in erster Linie, einen Vermögenswert zu kaufen und dort Erträge zu generieren. Sie müssen schauen, welchen Nutzen Sie von dieser Sache haben. Schauen Sie nach den Opportunitätskosten. Opportunitätskosten sind Kosten für einen entgangenen Nutzen.

Ein kleines Beispiel: Sie könnten sich nach dem Abitur dazu entscheiden, arbeiten zu gehen, und würden dadurch 2000 Euro monatlich verdienen. Sie könnten aber auch nach dem Abitur studieren gehen und kein Geld verdienen. Wenn Sie sich für ein Studium entscheiden, ist Ihr entgangener Nutzen das Geld, das Sie erhalten hätten. Langfristig gesehen wäre das Studium hier sinnvoller, denn i.d.R. verdienen Akademiker mehr als Leute ohne Ausbildung oder mit normaler Ausbildung. Deshalb ist das beste Investment immer die eigene Bildung. Das ist das allerwichtigste Investment. Der daraus entstehende Nutzen ist gewaltig. Deshalb bilden sich erfolgreiche Menschen kontinuierlich weiter. Dadurch kennen Sie auch deutlich mehr Investments als Aktien und Immobilien. Hier mal eine kleine Liste von möglichen Investments:

- Bildung
- Seminare

- Aktien
- Anleihen
- Fonds
- ETF´s
- Immobilien vermieten
- Immobilien sanieren und teurer verkaufen
- Spielautomaten aufstellen
- Café-Automaten oder Süßigkeiten-Automaten aufstellen
- Waschsalon eröffnen
- Bücher oder eBooks schreiben
- Infoprodukte erstellen und diese verkaufen
- Online Vertriebspartner werden (Amazon Partnerprogramm)
- Tickets für Veranstaltungen, die immer ausverkauft sind, kaufen und diese mit einem Aufpreis verkaufen
- Geld verleihen über bestimmte Plattformen (z. B. Auxmoney)
- Online Business aufbauen
- Crowdinvesting
- Speaker werden in dem Themenfeld, welches man beherrscht
- Anderen Menschen helfen, etwas zu erreichen
- Usw.

Das Wichtigste ist, dass Sie sich erst mal ein

zweites Standbein aufbauen. Sie müssen einen weiteren Einkommensstrom generieren. Wenn Sie einen zweiten Einkommensstrom generiert haben, dann bauen Sie sich einen dritten auf usw. Wenn Sie von diesen Dingen keine Ahnung haben, dann holen Sie sich Experten, bezahlen diese und lassen diese das managen. Ich meine nicht, dass Sie jetzt zu einem beliebigen Kreditinstitut gehen sollen, sondern suchen Sie richtige Experten auf diesen Gebieten. Die erste Frage, die Sie Ihrem Finanzberater stellen sollten, ist, wie vermögend er ist; danach können Sie überlegen, ob Sie fortfahren. Gute Berater sind teuer, aber ihr Geld wert.

Ein Investment aus rein finanzieller Sicht ist eine simple Rechnung. Sie investieren Summe X in ein Investitionsgut. Durch diese Investition der Summe X erhalten Sie monatlich Zahlungen, die hier Y genannt werden. Sie müssen nun vorher kalkulieren, wann Sie Ihre anfängliche Investitionssumme wieder herausbekommen haben.

Angenommen, Sie erwerben eine Immobilie für 50.000 Euro. Sie selbst besitzen 50.000 Euro und kaufen nun diese Immobilie. Sie vermieten diese Immobilie für 400 Euro monatlich. Ihre Gleichung sieht wie folgt aus: $-50.000 \text{ Euro} + 400x = 0$. X ist die Anzahl der

Monate, die Sie benötigen, bis die 50.000 Euro, die Sie bezahlt haben, wieder in Ihrer Tasche sind. Wir rechnen nun 50.000 Euro / 400 Euro (monatlich) = 125 Monate. In Jahren heißt dies, 125 Monate / 12 Monate = 10,41 Jahre. Nach ca. zehn bis elf Jahren hat sich Ihre Investition ‚amortisiert'. Ab dem 11. Jahr haben Sie nun einen zusätzlichen Cashflow von 400 Euro monatlich.

50.000 Euro hat natürlich nicht jeder, um so ein Investment zu tätigen.

Aber es gibt noch andere Möglichkeiten, das gleiche Investment zu tätigen, ohne die 50.000 Euro zu haben. Angenommen Sie haben 10.000 Euro Eigenkapital und nehmen einen Kredit in Höhe von 40.000 Euro bei der Bank auf. Die Rechnung ist ungefähr dieselbe. Sie zahlen etwas an Gebühren und Zinsen für den Kredit, aber dies geben Sie weiter an den jeweiligen Mieter.

Reparaturkosten und Kreditzinsen können Sie steuerlich absetzen. Wenn Sie aber selbst eine Immobilie für sich selbst erworben haben, können Sie die Kreditzinsen und die Reparaturkosten nicht von der Steuer absetzen.

Kredite

*„Vergiss nie, dass Kredit auch Geld ist." –
Benjamin Franklin*

Es gibt unterschiedliche Formen von Krediten. Kredite sind Schulden, allerdings gibt es gute und schlechte Schulden. Schlechte Schulden sind Schulden, die Sie besitzen und die Sie auch begleichen müssen. Gute Schulden sind Schulden, die Sie besitzen und die andere für Sie abbezahlen, wie im obigen Beispiel.

Das bedeutet, Schulden zu besitzen, ist nicht schlimm. Die Frage ist nur, wer sie am Ende abbezahlt. Kredite sind eine Möglichkeit, sich das Leben einfacher zu gestalten. Angenommen Sie sind Student und nicht BAföG berechtigt. Diese Situation kennen sicherlich einige. Nun haben Ihre Eltern trotzdem nicht genügend finanzielle Mittel, um Ihr Studium zu finanzieren. Daher gibt es zwei Möglichkeiten. Entweder Sie arbeiten neben dem Studium und es wird eine anstrengende Studienzeit, da der Lernaspekt für viele nicht ersichtlich ist, die nicht selbst studiert haben. Oder Sie nehmen einen Kredit auf, arbeiten nicht und können sich auf Ihr Studium konzentrieren, was die einfachere Variante wäre. Viele schrecken allerdings zurück, da Sie nach dem Studium nicht 30.000 Euro oder 35.000 Euro an Schulden haben möchten.

Der Grund, warum sie Angst haben, so einen Schritt zu wagen, ist, dass sie anders denken. Ein Akademiker verdient nach seinem Studium anfangs zwischen 40.000 bis 50.000 Euro brutto im Jahr. Diesen Kredit nach dem Studium zu tilgen, würde bei 1.000 Euro monatlicher Tilgung 2,5 Jahre dauern, allerdings nur, wenn Sie ins Angestelltenverhältnis treten. Sie könnten es auch anders gestalten, wenn Sie anders denken.

Im Studium lernen Sie etwas über Marketing. Sie merken, dass Ihnen Marketing Spaß macht und Sie beschäftigen sich nebenher auch mit Marketing. Sie erstellen ein Event und erklären Menschen, die sich im Marketing nicht gut auskennen, etwas über Marketing. Sie könnten pro Teilnehmer 199 Euro verlangen + Mehrwertsteuer. Wenn 50 Leute kommen würden, hätten Sie bereits 10.000 Euro verdient; an einem Tag, an dem Sie lediglich das vermitteln, was Sie wissen. Sie machen das drei Mal im Jahr und haben schon 30.000 Euro. Selbst wenn Sie kein Experte im Bereich Marketing sind, wird es genügend Menschen geben, die sich nicht so gut auskennen, wie Sie. Als Sie in der 2. Klasse waren, gab es nicht viele Leute, die weniger wussten als Sie, aber es gab sie. Sie könnten Schülern aus der 1. Klasse Nachhilfe geben. Umso weiter Sie sind, umso mehr Menschen kommen in Frage.

Das kann passieren, wenn Sie Ihr Wissen umsetzen, und zwar für sich selbst. Glauben Sie nicht, dass alle bereits das wissen, was Sie wissen. Dies ist ein Denkmuster, das häufig verbreitet ist. Was glauben Sie, wie viele Menschen nicht lesen können? 7,5 Millionen erwachsene Menschen in Deutschland sind funktionale Analphabeten.[7]

Somit gibt es genügend Probleme, zu denen wir bereits lange fähig sind, diese zu lösen. Sobald wir solche Projekte angehen, kommen wir leichter und schneller zu Vermögen, als wenn wir von einem Unternehmen bezahlt werden.

---

[7] Vgl.: http://www.zeit.de/gesellschaft/schule/2016-11/analphabetismus-deutschland-erwachsene-lesen-schreiben-studie (online abgerufen am 27.08.2017)

Vergleichen Sie die Situation mit einem Unternehmen. Warum gehen einige Unternehmen an die Börse? Um mehr finanzielle Mittel generieren zu können und dadurch schneller wachsen zu können. Sie können das Geld, was die Aktionäre diesen Unternehmen zur Verfügung stellen, in Forschung und Entwicklung investieren oder neue Mitarbeiter einstellen, um größer zu werden. Als Privatperson könnten Sie einen Bildungskredit aufnehmen, um in Ihr Humankapital zu investieren und so schneller vermögend werden. Dadurch, dass Sie in Ihr Humankapital investieren, kommen Sie auf mehrere Ideen, um vermögend zu werden und werden dies schneller erreichen.

Wenn Sie in der Lage sind, 2.000 Euro netto bei einem Unternehmen zu verdienen und dafür 160 Stunden im Monat benötigen, reine Arbeitszeit ohne Pendelzeit und sonstiges, erhalten Sie 12,50 Euro die Stunde. Sind Sie in der Lage nicht selbst einen deutlich höheren Stundenlohn zu generieren?

Um anfangs nicht zu viel zu arbeiten, machen Kreditaufnahmen Sinn, z. B. für die Bildung, für spezielle Events bzgl. Bildung und Mindset. Anderseits arbeiten Sie sich im Laufe des Lebens kaputt.

Schulden, die man besitzt und selbst abbezahlt, sind z. B. Eigenheime und Schulden, die man selbst besitzt und andere abbezahlen, z. B. Immobilien, die vermietet werden.

Steuern

„Nur zwei Dinge auf Erden sind uns ganz sicher: der Tod und die Steuer." – Benjamin Franklin

Steuern sind ein sinnvolles Instrument, damit die Kommunen und Gemeinden durch diese Abgaben in die jeweilige Infrastruktur investieren können. In dem Maße, in dem es von uns verlangt wird, Steuern zu zahlen, ist es allerdings übertrieben.

Laut OECD zahlt ein Durchschnittsverdiener (ohne Kinder; ledig) 49,4 % an Steuern![8] Das heißt, auf jeden Euro fallen 50 Cent Gebühren an, die an den Staat abgetreten werden müssen.

---

[8] Vgl.: https://m.morgenpost.de/politik/article210238155/So-kassiert-der-Staat-durch-Steuern-bei-den-Buergern-ab.html (online abgerufen am 26.08.2017)

Die steuerfreie Verdienstgrenze liegt bei 8.820 Euro. Angenommen Sie verdienen zwischen 54.058 Euro und 256.303 Euro. In diesem Einkommensintervall haben Sie noch einen Freibetrag von 8.475,44 Euro und zahlen dann 42 % Einkommensteuer. Bei 50.000 Euro jährlich wären das dann z. B. (50.000 – 8.475,44) * 42 % = 17.440,31 Euro an Steuern. Wenn bei Ihrer Immobilie Kosten von 2.000 Euro im Jahr entstanden sind, durch Zinszahlung und Instandhaltung, können Sie diese nicht von der Steuer absetzen. Wenn Sie die Immobilie aber vermieten, könnten Sie diese 2.000 Euro auch noch abziehen und würden weniger Steuern zahlen, (50.000 – 2.000 – 8.475,44) * 42 % = 16.600,31. Die Kosten fallen so oder so an. 17.440,31 – 16.600,31 = 840 Euro. Für 840 Euro kann ein kleiner Urlaub gemacht oder in etwas investiert werden. Es soll Ihnen nur aufzeigen, dass es immer finanziell lukrativer ist, der Investor zu sein und nicht der Konsument.

Zusätzlich können Sie als Unternehmer einiges über Ihre Firma laufen lassen, da Sie die Vorsteuer vom Finanzamt zurückbekommen. Angenommen Sie gehen für 50 Euro essen. Als normaler Konsument zahlen Sie die 50 Euro, als Unternehmer können Sie dies als

Geschäftsessen absetzen und würden 7 % wieder erhalten, in diesem Fall 3,50 Euro. Die Steuerersparnis ist als Unternehmer viel größer. Somit haben Sie nicht nur mehr Geld in Ihrer Tasche, Sie wissen auch, was Sie gerade benötigen und was nicht. Das heißt, es wird nichts Sinnloses konsumiert.

Der Solidaritätszuschlag wurde damals erhoben, um den Wiederaufbau des Ostens zu finanzieren. Aktuell liegt er bei 5,5 % der Lohnsteuer. Politiker wollen den Soli schon seit längerem abschaffen, aber Politiker reden halt gerne viel und setzen wenig um.

Die Lohnsteuer, die Ihnen bei Ihrer Abrechnung abgezogen wird, wird verwendet, um Beamte zu bezahlen wie Polizisten oder Politiker oder Bauprojekte wie Bahnhöfe durchzuführen. Somit finanziert der Staat alles, was irgendwie öffentlich finanziert werden muss.

Die Kirchensteuer liegt in Bayern und Baden-Württemberg bei 8 % und in allen anderen Bundesländern bei 9 %. Angenommen Sie zahlen jeden Monat 500 Euro Lohnsteuer, dann müssen Sie 40 bis 45 Euro Kirchensteuer zahlen. Wie hoch die abzuführende Lohnsteuer ist, hängt von Ihrem Bruttolohn und Ihrer jeweiligen Steuerklasse ab. Zum Beispiel verdienen Sie 2.001 Euro brutto monatlich, haben keinen Kinderfreibetrag und befinden sich in Steuerklasse 1, dann zahlen Sie jeden Monat 192,16 Euro Lohnsteuer, 10,56 Euro Solidaritätszuschlag und 17,29 Euro Kirchensteuer. Die Kirchensteuer ist eine Steuer, die nicht gezahlt werden muss. Diese Ersparnis können Sie in einen Aktiensparplan laufen lassen. In dem Fall wären es im Jahr 207,29 Euro, die woanders investiert werden könnten.

Zusätzlich zahlen wir Beiträge in Höhe von ca. 20 % für Sozialversicherungen: Krankenversicherung in Höhe von 7,3 %, Rentenversicherung in Höhe von 9,35 %, Arbeitslosenversicherung mit 1,5 % und Pflegeversicherung mit 1,275 %. Wir kommen grob auf ca. 20 % und die Prozentsätze können abweichen, da sie nicht in jedem Bundesland gleich sind. Hier spielt es keine Rolle, wie hoch unser Einkommen ist oder welcher Steuerklasse wir angehören. Diese Prozentsätze sind fix.

Einkommensteuertarife, nach denen bestimmt wird, wie viel Steuer Sie bezahlen müssen, sehen aktuell wie folgt aus:

- Bis 8.820 Euro steuerfrei (Grundfreibetrag)
- 8.821 Euro – 13.769 Euro: (1.007,27 * y +1.400) *y
- 13.370 Euro – 54.057 Euro: (223,76 * z + 2.397) * z + 939,57
- 54.058 Euro – 256.303 Euro: 0,42 * x – 8.475,44
- Ab 256.304 Euro: 0,45 * x – 16.164,53

Y ist ein 1/10.000 vom Grundfreibetrag übersteigender Teil des zu versteuernden Einkommens. Z ist 1/10.000 des 13.469 Euro übersteigenden Teils des zu versteuernden Einkommens. X ist Ihr zu versteuerndes Einkommen. Das bedeutet, wenn Ihr zu versteuerndes Einkommen bei 55.000 Euro liegt, zahlen Sie 0,42*55.000 – 8475,44 = 14.624,56 Euro an Steuern. Die ganzen Steuern und Sozialabgaben lassen Ihren Nettoverdienst minimal ausfallen.

Seit 2009 wird auch Ihr Kapitalvermögen besteuert, mit der sogenannten Abgeltungssteuer. Sie kaufen z. B. Aktien im Wert von 10.000 Euro. Diese laufen gut und nach zwei Jahren stehen diese bei 15.000 Euro. Sie wollen sich Ihr eigenes Geld, was damals schon besteuert wurde, auszahlen lassen. Auf den Gewinn von den 5.000 Euro fallen,

Sie ahnen es schon, Steuern an. Diesmal sind es nur 25 %. Ihr Freibetrag beläuft sich auf 801 Euro. (5.000 − 801) * 0,25 = 1.049,75 Euro schnappt sich der Staat hier wieder bei Ihnen.

Da der Staat ja so arm ist, gibt es noch eine Mehrwertsteuer in Höhe von 7 % oder 19 %. Bei einem Produkt, das eigentlich 1.000 Euro kostet, zahlen Sie knapp 200 Euro drauf und dies bei jedem Produkt oder Dienstleistung. Diese Steuer wird von den Menschen nicht mehr berücksichtigt, weil Sie sich daran gewöhnt haben. In den vorherigen Zeilen hatte ich bereits erwähnt, dass es schwieriger ist, als Angestellter vermögend zu werden, da Sie als Unternehmer Steuervorteile haben, denn Sie zahlen zwar auch Umsatzsteuer, aber diese wird mit Ihrer Vorsteuer verrechnet. Ein kleines Beispiel: Sie kaufen sich einen Laptop für 1.000 Euro, zahlen 190 Euro Steuern, also 1.190 Euro insgesamt. Ein Unternehmer kauft diesen Laptop aus geschäftlichen Gründen und erhält diese 190 Euro Steuer vom Finanzamt zurück, da es für sein Unternehmen ist.

Es geht aber noch weiter, denn der Staat versucht mit allen Mitteln sich an jedem Kuchen seinen Teil zu sichern. Wenn Sie etwas geerbt oder geschenkt bekommen, fallen Erbschaftssteuer oder Schenkungssteuer an. Jemand, der jahrelang hart gearbeitet hat und viele Steuern bezahlt hat, zahlt sogar noch Steuern nach dem Tod auf sein Vermögen. Hier sehen Sie eine Übersicht über die Steuersätze von Erbschaften:

Wert Vermögen/ stpfl. Erwerb bis	Prozentsatz in der Steuerklasse		
	I	II	III
75.000	7 %	15 %	30 %
300.000	11 %	20 %	30 %
600.000	15 %	25 %	30 %
6.000.000	19 %	30 %	30 %
13.000.000	23 %	35 %	50 %
26.000.000	27 %	40 %	50 %
>26.000.000	30 %	43 %	50 %

Die Freibeträge bei der Erbschaftssteuer sind unterschiedlich. Nachfolgend werden die bedeutendsten aufgelistet:

- Ehegatten/eingetragener Lebenspartner – 500.000 Euro
- Kinder und Enkel (Kind verstorben) – 400.000 Euro
- Enkel – 200.000 Euro

- Eltern – 100.000 Euro

Unter Steuerklasse 1 fallen Eltern, Kinder oder Enkel bei Todesfällen. Alle anderen Personen fallen unter Steuerklasse 2 und 3 und haben einen Freibetrag von 20.000 Euro, auch Geschwister fallen hierunter.

Eine grobe Rechnung würde wie folgt aussehen:
Sie erben als Einzelkind von Ihren Eltern Barvermögen in Höhe von 750.000 Euro. Da dies ein Erbe und keine Schenkung ist, fällt der Fall unter Steuerklasse 1. Ihre persönliche Bereicherung wären somit 750.000 Euro und Sie dürfen einen Freibetrag von 400.000 abziehen, da Sie das Kind sind. Es bleiben somit 350.000 übrig, die zu 15 % versteuert werden müssen, da bis 600.000 Euro 15 % gezahlt werden müssen, wenn Sie unter Steuerklasse 1 fallen, wie Sie in der vorherigen Tabelle sehen konnten. 15 % von 350.000 Euro sind 52.500 Euro, die Sie an das Finanzamt zurückführen müssen, auf ein Vermögen, worauf Ihre Eltern bereits sämtliche Steuern gezahlt haben.

Wenn Sie Geschwister haben, z. B. einen

einzigen Bruder, der verstirbt und Sie der Erbe sind sieht es wie folgt aus. Nehmen wir wieder 750.000 Euro Barvermögen. Nun wird aber ein Barvermögen von lediglich 20.000 Euro abgezogen und Sie fallen unter Steuerklasse 2. 750.000 Euro minus 20.000 Euro sind 730.000 Euro. Diese sind zu 30 % zu versteuern. Somit zahlen Sie 219.000 Euro ans Finanzamt.

Die KFZ-Steuer hängt je nach Fahrzeugtyp ab und ob es Voll- oder Teilkasko ist, aber auch hier werden erneut einige Euros fällig. Diese Steuer kann nicht abgesetzt werden. Das einzige, was Sie machen können, ist eine Kilometerpauschale zu berechnen, die Sie unter bestimmten Rahmenbedingungen zurückerstattet bekommen.

Als Unternehmer können Sie diese Steuer absetzen, als Angestellter geht das nicht. Auch hier sind Sie wieder benachteiligt, aber es ist jedem selbst überlassen, ob man Angestellter oder Unternehmer werden möchte.

Die Inflation ist auch eine Steuer, die vorab bereits erklärt worden ist.

Am Anfang des Buches habe ich kurz über Ausreden geschrieben. Falls Sie sich jetzt denken, wie zur Hölle Sie denn 10 % von Ihrem Gehalt an sich selbst zahlen sollen, wenn der Staat sich so viel von Ihnen nimmt, fragen Sie sich was passiert wenn der Staat die Steuern um 10 % erhöht. Haben Sie eine Wahl? Das einzige, was Sie machen können, ist, brav weiterhin die Steuern zu zahlen. Warum erheben Sie nicht selbst eine Steuer gegen sich, damit Sie vermögend werden?

Die steuerlichen Aspekte sind lediglich grob angegeben. Da die Gesetzgebung sich häufig ändert, können Freibeträge oder sonstige Zahlen abweichen. Die Beispiele sollen Ihnen lediglich einen groben Überblick verschaffen.

Versicherungen

„Die Versicherung ist ein Lotto, in dem man nur gewinnt, wenn man Pech hat." – Wolfram Weidner

Versicherungen sind primär ein Schutz, eine Absicherung, falls Unfälle jeglicher Art passieren und diese dann für Sie aufkommen, da Sie monatlich dafür einen Beitrag leisten. Versicherungen machen durchaus Sinn, aber nicht alle. Es gibt einige Versicherungen, die abgeschlossen werden sollten und alles darüber hinaus ist immer eine individuelle Angelegenheit.

Krankenversicherung, private Haftpflichtversicherung und eine Berufsunfähigkeitsversicherung machen durchaus Sinn. Krankenversicherungen sind gesetzlich auch vorgeschrieben. Wer viel auf Reisen ist, für den macht eine Auslandsreisekrankenversicherung Sinn, denn die Krankenkasse übernimmt Kosten im Ausland nur zum Teil oder gar nicht. Dies hängt von Ihrer jeweiligen Krankenkasse ab.

Haftpflichtversicherungen schützen Sie vor Personenschäden, vor materiellen Schäden an Dritte und vor Vermögensschäden. Insbesondere bei Personenschäden kann es teuer werden, bis in die Millionenhöhe. Wenn Sie z. B. im Skiurlaub sind und auf der Piste mit jemand anderes zusammenstoßen und dieser sich dabei verletzt, kann das sehr teuer werden, da Sie für die Behandlung und ggf. für das Schmerzensgeld aufkommen müssen. Aus dem Grund sollte diese Versicherung abgeschlossen werden. Dies kostet Sie auch nicht viel, ca. 60 Euro im Jahr.

Berufsunfähigkeitsversicherungen (BU) gehören mit zu den drei Versicherungen, die abgeschlossen werden müssen. Bis 2001 waren alle Bundesbürger gegen eine gesetzliche Rentenzahlung gegen Berufsunfähigkeit abgesichert waren. Heutzutage erhalten Menschen, die berufsunfähig sind, nur noch eine Erwerbsminderungsrente ausgezahlt, die gering ausfällt. Eine BU wird unter verschiedensten Konditionen abgeschlossen und dementsprechend sind die Beiträge unterschiedlich hoch. Bei jüngeren Leute sind die Beitragszahlungen gering, da sie zumeist jung und gesund sind und noch lange einzahlen. Bei älteren Personen oder Berufen die körperlich oder psychisch sehr anstrengend sind, ist der Beitrag deutlich höher.

Bei dieser Versicherung müssen Sie prüfen, unter welchen Konditionen Sie die Versicherung abschließen. Angenommen Sie sind Student und schließen eine BU für die nächsten zehn Jahre ab, dann sollte im Vertrag eine Klausel enthalten sein, die Ihnen ermöglicht, keinen neuen medizinischen Check vorweisen zu müssen. Sie müssen zu Ihrem Versicherungsberater ehrlich sein und ihm mitteilen, welche Krankheiten oder Allergien Sie haben und ob Sie rauchen usw. Wählen Sie eine BU Versicherung, die auf eine ‚abstrakte Verweisung' verzichtet, d. h. wenn Sie z. B. Arzt sind und Ihren Beruf aus psychischen Gründen nicht mehr ausüben können, könnten Sie ja theoretisch immer noch einen Besen in die Hand nehmen und den Hof fegen. Bei korrekter Abschließung werden Sie keine Berufe ausüben, für die Sie nicht qualifiziert sind und keine, für die Sie überqualifiziert sind. Somit können Sie nicht in einen anderen Beruf verwiesen werden.

Bei teurer Möbeleinrichtung sollte auch eine Hausratsversicherung abgeschlossen werden. Wenn Sie Student sind und in einer 20 Quadratmeter großen Wohnung leben und der teuerste Gegenstand Ihre Mikrowelle ist, dann benötigen Sie bei gewiss keine Hausratsversicherung.

Rechtschutzversicherungen sind auch empfehlenswert, aber kein Muss.

Ich würde Ihnen raten, die obersten drei Versicherungen auf jeden Fall abzuschließen, wenn Sie das noch nicht getan haben: also **Krankenversicherung**, **Haftpflichtversicherung** und **Berufsunfähigkeitsversicherung**. Wenn Sie sich noch in Ihrer Ausbildung oder Studium befinden und noch keine 25 Jahre alt sind, sind Sie über Ihre Familie versichert. Falls Sie selbst erwerbstätig oder älter sind, dann müssen Sie sich selbst darum kümmern.

Bausparverträge sind einfach zu verstehen, trotzdem verstehen Sie viele nicht. Bausparverträge haben eine einfache Funktion. Hier wird eine Bausparsumme vorab festgelegt, z. B. 50.000 Euro. Dieser Vertrag ist dann so aufgestellt, dass Sie 50 % selbst ansparen müssen, also 25.000 Euro und wenn Sie diese 25.000 Euro angespart haben, dann ist der Bausparvertrag sozusagen ‚zuteilungsreif'. Das bedeutet, dass Sie die restlichen 25.000 Euro als Darlehen zu einem vorab vereinbarten Zinssatz aufnehmen können.

Diese Verträge machen nur Sinn, wenn Sie in der Zukunft damit einen „Wohnwirtschaftlichen Zweck" decken wollen. Ein Immobilienkauf, Renovierung der Immobilie, Tilgung eines Immobilienkredits oder auch Innenausrichtung fallen unter diesen Zwecken.

Gefördert wird dies vom Staat. Dies sollte allerdings mit äußerster Vorsicht betrachtet werden. Die Höhe der Förderungen hängt mit Ihrem jährlichen Einkommen, Ihrer Bausparsumme und Ihrem monatlichen Beitrag zusammen. Da der Vertrag i. d. R. aus 50 % Eigenkapital und 50 % Fremdkapital besteht, ist es evtl. interessant, da ein Zins vorab vereinbart wird, zu dem Sie das Darlehen in der Zukunft aufnehmen können. Der Zins könnte künftig aber auch niedriger sein, was Ihnen bewusst sein sollte.

Allerdings können auch die 50 % der Bausparsumme angespart und kein Darlehen in Anspruch genommen werden. Dies macht aber wenig Sinn, da Sie Abschlussgebühren auf die komplette Summe zahlen, also auf die 50.000 Euro. Denn wer einen Bausparvertrag als Vermögensanlage sieht, hat wohl die hohen Abschlussgebühren nicht mitberücksichtigt. Sie erhalten gewisse Förderungen nur, wenn es für wohnwirtschaftliche Zwecke genutzt wird, ansonsten nicht. Bei einer Bausparsumme von 50.000 Euro z. B. zahlen Sie 1 % bis 2 % Abschlussgebühr je nach Anbieter. Das wären 500 bis 1.000 Euro. Wenn Sie monatlich 200 Euro in den Bausparvertrag hineinzahlen wollen, benötigen Sie ca. zehn Jahre, bis Sie bei grob 25.000 Euro angekommen sind. Anfangen tun Sie aber bei -500 bzw. -1000 Euro, dann werden die Einzahlungen darauf verrechnet.

Förderungen, die Sie erhalten können, sind die **Arbeitnehmerzulage**, **Wohnungsbauprämie** und **Riesterförderung**.

Die **Arbeitnehmerzulage** erhalten Sie nur, wenn Ihr zu versteuerndes Einkommen 17.900 Euro als Alleinstehender bzw. 35.800 Euro als verheiratetes Paar nicht überschritten wird.[9]

Die **Wohnungsbauprämie** beträgt maximal 8,8 % auf einen maximalen Betrag von 512 Euro, wenn der Ledige weniger als 25.600 Euro jährlich verdient. Das heißt, bei einer Zahlung von 512 Euro Ihrerseits im Jahr erhalten Sie als Zuschuss ca. 45,06 Euro. Das zu versteuernde Einkommen darf hier bei einer alleinstehenden Person nicht 25.600 Euro überschreiten, bei verheirateten darf es nicht über 51.200 Euro liegen.[10]

Wohnriester ist etwas komplex und schwierig zu verstehen. Wer diese Förderung in Anspruch nehmen sollte, sollte es nur machen, wenn er es auch selbst wirklich verstanden hat. Ich empfehle Ihnen hier einen Honorarberater aufzusuchen, der Sie gegen Stundenlohn berät, unabhängig davon, ob es zu

---

[9] Vgl.: https://www.bkm.de/fileadmin/Bausparen/PDF-Bausparen/Sparzulage-Verdienst.pdf (online abgerufen am 26.08.2017)

[10] Vgl.: https://www.bkm.de/fileadmin/Bausparen/PDF-Bausparen/Sparzulage-Verdienst.pdf (online abgerufen am 26.08.2017)

einem Vertragsabschluss kommt oder nicht. Der steuerliche Aspekt muss auch hier berücksichtigt werden.

Aufgrund des demografischen Wandels sorgen sich viele Bürger, um Ihre spätere Altersvorsorge. Deshalb sorgen viele privat vor, unter anderem mit der **Riester-Rente**. Diese Ansicht ist immer eine individuelle und ich persönlich würde keinen Riester-Vertrag abschließen, weil ich vorab genügend Kapital haben werde. Beachtet werden muss, dass nicht jede Personengruppe gefördert wird, Studenten fallen z.B. nicht darunter.

Wer riestern möchte, sollte einige Aspekte beachten. Sie erhalten nur dann die volle Förderung, wenn Sie mindestens jedes Jahr 4 % Ihres Bruttoeinkommens abzüglich der Zulagen einzahlen. Die Fördermöglichkeiten sind folgende:

- Alleinstehende erhalten 154 Euro als Zulage
- Ehepaare 308 Euro
- Kinder, die vor 2008 geboren wurden, werden mit 185 Euro gefördert.
- Kinder nach 2008 mit 300 Euro

Angenommen Sie sind ledig, kinderlos und

Ihr Bruttoeinkommen beläuft sich auf 30.000 Euro im Jahr. 4 % davon entsprechen 1.200 Euro. Von diesen 1.200 Euro ziehen Sie Ihre Zulage von 154 Euro ab. Übrig bleibt dann 1146 Euro. Diese auf 12 Monate verteilt, wären 95,05 monatlich, die Sie einzahlen müssen. Wenn Ihr Einkommen steigt, steigen auch Ihre zu zahlenden Beiträge bis auf maximal 2.100 Euro im Jahr. Das bedeutet, der höchste Beitrag, der insgesamt geleistet werden muss, sind 2.100 Euro abzüglich der Förderungen, auch wenn 4 % Ihres Bruttoeinkommens z. B. 4.000 Euro wären.

Wer nicht die 4 % zahlen möchte, erhält demnach prozentual auch weniger Förderungen vom Staat. Die Riester-Rente kann nicht vor dem 62. Lebensjahr ausgezahlt werden, wenn der Vertrag nach 2012 abgeschlossen wurde. Eine Einmalauszahlung ist bis zu 30 % der Summe möglich. Beachtet werden muss hier auf jeden Fall die Besteuerung und Inflation.

Ich rechne Ihnen ein vereinfachtes Beispiel vor. Angenommen Sie haben nach 30 Jahren 85.000 Euro angespart und davon waren 35.000 Euro Eigenbeitrag. Dann ziehen Sie die 35.000 Euro von den 85.000 Euro ab und haben noch 50.000 Euro übrig. Diese werden dann mit dem jeweiligen Steuersatz besteuert, z. B. mit dem Steuersatz von 42 %. 50.000 Euro * 42% ergeben 21.000 Euro, die Sie an Steuern zurückzahlen müssen. Somit bleiben von Ihren 85.000 Euro noch 64.000 Euro übrig. Die steuerliche Belastung ist von Steuersatz zu Steuersatz unterschiedlich, macht aber eine Menge aus.

Zusätzlich ist die Vererbung der Riester-Summe stark eingeschränkt. Stirbt der Riester-Sparer noch während der Einzahlungsphase, dann wird der eingezahlte Betrag vererbt, aber die Förderungen müssen zurückgezahlt werden. Wenn der Riester-Sparer sich in der Auszahlungsphase befindet, dann wird es komplizierter, denn hier hängt es von den jeweiligen Vertragskonditionen ab.

Versicherungen berechnen Erwartungswerte wie Banken und schließen logischerweise nur Geschäfte mit einem positiven Erwartungswert ab. Hier spielt das zu erwartende Lebensalter und die einzuzahlenden Beträge eine Rolle. Diskontiert wird das Ganze zudem nicht, was völlig abstrakt ist, denn eine Zahlung in Höhe von 154 Euro entspricht nicht mehr einer Zahlung von 154 Euro in zehn Jahren. Die 154 Euro in zehn Jahren sind weniger Wert. Somit sind auch die staatlichen Förderungen in zehn Jahren weniger wert. Wird ein Diskontierungszinssatz von 3 % genommen, dann haben die 154 Euro, die Sie in zehn Jahren vom Staat erhalten, einen Wert von 114,59 Euro.

Durch die nicht zu wissende Lebenserwartung, eingeschränkte Vererbungspflicht, Besteuerung, keiner Diskontierung, sehe ich mehr negative Aspekte als positive. Aus meiner Sicht macht so eine Versicherung rational gesehen keinen Sinn.

Aber, viele Menschen sind undiszipliniert und können nicht gut mit Geld umgehen. Das bedeutet, dass das Geld, was Sie dann dort NICHT einzahlen, Sie auch nicht woanders ansparen würden. Sie würden es einfach verkonsumieren oder greifen in einem emotionalen schwachen Moment vielleicht nach dem Geld und hauen es auf dem Kopf, z. B. bei einer Trennung, einem Todesfall etc. Aus diesem Grund, um sich selbst vor sich selbst zu schützen, kann so ein Vertrag abgeschlossen werden, da Sie keinen Zugriff haben, das Geld auszahlen zu lassen und für die Zukunft etwas mehr Rente besitzen.

Dennys Shanmugam

Vertragsoptimierungen

"Anstatt mehr zu verdienen, solltest du zuerst deine Fixkosten senken." – Unbekannt

Unternehmen, die aus wirtschaftlichen Gründen Sparmaßnahmen ergreifen, optimieren ihre Kostenstrukturen. Häufig geht dies mit Personalabbau einher. Wir als Privatpersonen sollten unsere Verträge genauso optimieren, indem wir bestimmte Verträge verbessern. Wenn Sie eine Übersicht über alle Verträge besitzen, die Sie abgeschlossen haben, fangen Sie an, eine Marktanalyse zu betreiben, um die besten Angebote herauszufinden und dadurch Ihre Kostenstruktur zu ändern.

Was Sie immer machen sollten, sind Verträge zu kündigen, die bald auslaufen. Dadurch erhalten Sie immer bessere Angebote als vorher, weil Ihre Verhandlungsposition eine andere ist und Sie in einer stärkeren Position sind.

Als Beispiel dient hier ein Pärchen, wobei die Freundin sich über ihren Freund aufregt, dass er gefälligst im Sitzen pinkeln soll, sonst sei sie weg, sagt sie. Ihr Freund weiß, dass sie nicht geht, auch wenn er weiter im Stehen pinkeln würde. Die meisten Freundinnen würden natürlich bleiben, weil sie es dann einfach in Kauf nehmen. Wenn Sie jetzt aber wirklich die Beziehung beendet, weil er es nicht hinbekommt, was glauben Sie, wie schnell ihr Freund im Sitzen pinkeln kann, damit sie wieder mit ihm zusammenbleibt. Genau diese Verhandlungsposition aus Sicht der Freundin, haben Sie immer gegenüber dem Unternehmen, bei dem Sie gekündigt haben. Auch wenn Sie höchst zufrieden sind, kündigen Sie nach Ablauf der Zeit und holen sich neue Angebote. Die Mitarbeiter von der Kundenrückgewinnung werden Ihnen sensationelle Angebote machen. Was Sie vorher gefordert haben, wird sogar übertroffen. Dadurch senken Sie Ihre Fixkosten deutlich. Wenn Sie Ihren Handyvertrag von monatlich 35 auf 25 drücken konnten, sind das in 24 Monaten Laufzeit 240 Euro, die Sie mehr zur Verfügung haben.

Überlegen Sie auch, welche Verträge Sie eliminieren können. Viele Menschen haben eine Fitnessmitgliedschaft, was viel Sinn macht, um sich fit zu halten. Aber wie oft gehen Sie hin, bzw. gehen Sie überhaupt? Wenn Sie selten gehen oder gar nicht, dann kündigen Sie, denn Ihr Körper und Ihre Gesundheit wird sich nicht verbessern, wenn Sie nur angemeldet bleiben. Und wenn Sie mal wieder sportlich aktiv werden wollen, dann fangen Sie an, die erste Zeit draußen zu trainieren und wenn Sie dann merken, dass Sie wirklich regelmäßig gehen wollen, dann schließen Sie die Mitgliedschaft ab. Aber einfach so eine Mitgliedschaft besitzen, ohne was zu machen, ist weggeschmissenes Geld.

Unsichtbare Kosten sind viele Kosten, die die meisten nicht mitberechnen. Dabei fallen Sie hoch aus. Als Beispiel betrachten wir weiterhin einen Handyvertrag, den Sie von 35 auf 25 Euro gesenkt haben und somit monatlich 10 Euro sparen. Allerdings mussten Sie 99 Euro für das iPhone, das Sie dazuhaben wollten, anzahlen und für dieses iPhone benötigen Sie eine Handyhülle, sowie Panzerglasfolien, da das Display schnell kaputt gehen kann. Die Folien kosten fünf Euro, beinhalten zwei Stück und Sie wechseln jeden Monat einmal die Folie. Also zahlen Sie in zwei Jahren 60 Euro für die Folien und 100 Euro für das Handy einmalig, insgesamt 160 Euro. Diese 160 auf 24 Monate verteilt sind 6,67 Euro. Somit zahlen Sie eigentlich nicht 25 Euro monatlich, sondern 31,67 Euro. Diese Kosten rechnet keiner mit und Sie gelten bei vielen Produkten. Je teurer das Produkt ist, umso teurer auch die unsichtbaren Fixkosten.

Wenn Sie sich teure Schuhe kaufen, die hochwertig, aus echtem Leder und qualitativ sind, dann werden Sie den Rest Ihres Körpers auch dementsprechend kleiden, eine teure Uhr, ein gut riechendes Parfum etc. Was glauben Sie, welche unsichtbaren Kosten beim Kauf einer Immobilie auf Sie zukommen werden, in der Sie selbst wohnen wollen?

Haushaltsbudget

„Die Definition von Wahnsinn ist, immer wieder das Gleiche zu tun und ein anderes Ergebnis zu erwarten." – Albert Einstein

Bevor der Arzt Ihnen ein Rezept verschreibt oder operativ eingreift, muss er eine Diagnose erstellen. Erst dann weiß ein Arzt welchen Schritt er als nächstes tätigen muss. Genau diese Diagnose müssen wir auch bei Ihnen erstellen, damit Sie wissen wo Sie eigentlich aktuell stehen.

Jedes Unternehmen führt eine Bilanz aus gutem Grund, denn man benötigt eine Übersicht über alle Einnahmen und Ausgaben, über alle Gewinne und Verluste. Fangen auch

Sie damit an! Sie schauen, wo die finanziellen Mittel herkommen und wohin diese fließen. Es ist essentiell wichtig, eine Übersicht zu bekommen, damit Sie den Überblick nicht verlieren. Sie kennen den Unterschied zwischen Effektivität und Effizienz. Also setzen Sie nun Folgendes um, ohne diese Übung macht das ganze Buch keinen Sinn: Schreiben Sie all Ihre Ausgaben nieder, jeden einzelnen Posten, und stellen Sie dem gegenüber Ihre Einnahmen auf. Notieren Sie alle Ihre Fixkosten (Miete, Verträge, Versicherungen) und schätzen Sie die Ausgaben für Ihre variablen Kosten (Lebenshaltungskosten, Freizeit, Unternehmungen) ab. Ziehen Sie Ihre Ausgaben von Ihren Einnahmen ab und schauen Sie, was übrig bleibt. Schauen Sie auch, wie viel Geld Sie für einzelne Lebensbereiche ausgeben, und überlegen Sie, ob sich das wirklich lohnt, so viel Geld für Zigaretten, Party, Klamotten oder sonstige Kostenfresser auszugeben. Rechnen Sie das einmal auf zehn oder zwanzig Jahre hoch. Wenn Sie Raucher sind und täglich eine Schachtel rauchen, zahlen Sie 18.000 Euro in zehn Jahren für ein wenig Qualm und eine kranke Lunge.

Allein dadurch, dass ich damals angefangen habe mir die Sachen aufzuschreiben, habe ich gesehen, dass ich 33% meines Einkommens für Party, Zigaretten und Klamotten ausgegeben habe, weitere 33% für Miete und den Rest für Lebenshaltungskosten und Verträge. Ich sah, dass ich so niemals vermögend werden konnte. Ich hatte lediglich 0,15% für Bildung ausgegeben! 0,15% für Bildung gegenüber 33% für Vergnügen. Einer der größten Fehler, den Sie machen können, ist, dass Sie kein Haushaltsbudget führen und somit keine Übersicht vorhanden ist.

Ihre Aufgabe ist es, täglich Buch zu führen, damit Sie ganz genau sehen, wie viel Sie wofür ausgeben. Das ist eine Aufgabe, die Sie am Tag nicht einmal eine Minute kostet. Sie können hierzu eine App benutzen, eine Excel-Tabelle entwerfen oder es handschriftlich niederschreiben, aber bei der letzten Methode müssen Sie am Monatsende alles selber zusammenrechnen. Deshalb empfehle ich Ihnen, eine Excel-Tabelle zu erstellen oder sich eine kostenlose App herunterzuladen. Wählen Sie vorab einen bestimmten Prozentsatz, um sich selber zu bezahlen, anstatt zuerst alle anderen zu bezahlen. Zahlen Sie sich selbst 10% von Ihrem Einkommen. Das heißt, wenn Sie 1000 Euro netto verdienen, richten Sie einen Dauerauftrag ein, welcher von Ihrem Einkommen 100 Euro monatlich auf ein separates Konto transferiert. Dadurch können Sie eine gewisse Summe ansparen und erst einmal einen Puffer aufbauen. Außerdem können Sie sich nicht selbst betrügen, indem Sie schauen, was am Ende noch übrig bleibt. Wenn Sie erst nachschauen müssen, wie viel am Ende übrig bleibt, wissen Sie, dass dort nicht viel übrig bleibt.

Wenn Sie nach einigen Monaten eine genaue Übersicht über Ihr Haushaltsbudget haben, dann verteilen Sie Ihr Einkommen auf verschiedene Konten. Sie richten hier Daueraufträge ein, damit die Gelder am Monatsanfang direkt auf die verschiedenen Konten fließen und Sie nicht darauf zugreifen können. Dieses System ist emotional nicht angreifbar und wird für Sie eine Geldmaschine darstellen.

Durch die Splittung auf Konten sehen Sie, wie viel Sie sich selbst zur Verfügung gestellt haben.

Sie benötigen lediglich fünf Konten. Das wird

Ihnen Ihr Vermögensaufbau massiv erleichtern.

- Girokonto
- Eiserne Reserve (Puffer)
- Spaß Konto
- Investmentkonto
- Depot

Ihre eiserne Reserve bzw. Ihr Puffer ist lediglich da, damit Sie immer Geld für die äußersten Notfälle zur Verfügung haben, z.B. wenn Sie Hunger haben und kein Geld mehr für Essen da ist oder für kurzfristige lukrative Geschäfte. Wofür dieses Konto nicht gedacht ist, ist einfach darauf zuzugreifen und sich irgendetwas zu gönnen. Und wenn Sie mal in Not geraten und auf Ihre eiserne Reserve zugreifen müssen, weil eine teure Zahnarztrechnung fällig wird oder eine Nachzahlung nötig ist, kein Problem, dafür ist diese eiserne Reserve da. Sie sollte drei Nettomonatsgehälter beinhalten. Wenn Sie darauf zugegriffen haben, füllen Sie es wieder bis auf drei Nettomonatsgehälter.

Ihr Spaßkonto ist dafür da, damit Sie sich was gönnen und das Leben auch genießen können. Denn wir leben ja schließlich nicht, um lediglich zu sparen und zu investieren, sondern müssen uns auch hin und wieder belohnen und das Leben genießen können, damit wir etwas ausgeglichen sind.

Ihr Investmentkonto ist dafür da, dass Sie sich in Form von Büchern, Videokursen, Seminaren und Coachings stetig weiterbilden. Hören Sie nie auf zu lernen, sondern bilden Sie sich konstant weiter.

Zusätzlich sollten Sie sich ein Depot einrichten und in einen Sparplan investieren. Beteiligen Sie sich an der Wirtschaft, indem Sie den Unternehmen Kapital zur Verfügung stellen, anstatt es in schlechte Finanzprodukte laufen zu lassen. Sie haben hier einen Cost-Average-Effekt, der besagt, dass Sie immer zu einem Durchschnittspreis einkaufen. So kaufen Sie nie zu teuer oder zu günstig ein, weil Ihre Investitionsrate immer die gleiche bleibt. Bei 25 Euro Sparrate und hohen Kursen erhalten Sie für 25 Euro wenige Anteile. Bei 25 Euro und niedrigen Kursen erhalten Sie für Ihre 25 Euro viele Anteile. So gleicht sich das aus und Sie investieren zu einem Durchschnittspreis.

Nun geht es darum ins Handeln zu kommen! All das Wissen nützt Ihnen nichts, wenn Sie nichts umsetzen. Also erstellen Sie nun eine

Tabelle oder nutzen Sie meine kostenlose Excel-Tabelle, die ich hier mit eingefügt habe:http://deinfinanzplan.com/wp-content/uploads/2016/06/Haushaltsbudget.xlsx. Schreiben Sie nun jeden Tag in diese Posten, was Sie einnehmen/ausgeben. Das ist Schritt 1. Legen Sie 10 % von Ihrem Nettoverdienst zu Seite und bauen Sie als erstes einen Puffer auf. Wenn der Puffer aufgebaut ist, streuen Sie das Geld in die restlichen Konten, die oben aufgeführt sind. Lesen Sie die nächsten sechs Monate jeden Monat ein Finanzbuch.

Übersicht der Aufgaben:

- Schreiben Sie alle Investitionsmöglichkeiten auf, die Sie kennen.
- Errechnen Sie, welchen Betrag Sie benötigen, um von den Zinsen leben zu können.
- Erstellen Sie eine Liste über Ihre Fixkosten und schätzen Sie Ihre variablen Kosten ab.
- Führen Sie ein Haushaltsbudget, jedes Unternehmen führt eine Bilanz aus gutem Grund! Wenn Sie nicht wissen, wie viel Sie wofür ausgeben, können Sie auch nicht sehen, wo Sie etwas sparen können.
- Richten Sie einen Dauerauftrag ein, der monatlich 5% bis 10% auf Ihr separates Konto fließen lässt. Zahlen Sie sich zuerst aus, bevor Sie alle anderen bezahlen.
- Bauen Sie einen finanziellen Puffer auf, fangen Sie mit drei Monatsgehältern an.
- Richten Sie sich ein Kontensystem ein, nachdem Sie einige Monate das Haushaltsbudget geführt haben.

8. VERMÖGENSFORMEN

Aktien

"Geld allein macht nicht glücklich. Es gehören auch noch Aktien, Gold und Grundstücke dazu." – Danny Kaye

Viele reden von Aktien, aber was sind Aktien genau und welcher Sinn steckt dahinter? Der Grundgedanke hinter einer Aktie ist der, dass jemand eine Idee hat, aber kein Geld, und deshalb mit jemandem kooperieren will, der keine Idee hat, aber das nötige Kapital.

Falls einem Investor eine Geschäftsidee gefällt, so kann er sich daran beteiligen und sein Kapital dort rein investieren, um Anteile an dem Unternehmen zu erwerben. Ein Beispiel: Eine Firma ist aktuell 100.000 Euro wert und möchte sich nun vergrößern. Allerdings benötigt das Unternehmen finanzielle Mittel in Höhe von 50.000 Euro.

Es haben sich nun zwei Kapitalgeber gefunden, die beide jeweils 25.000 Euro in die Company investieren. Nun haben diese beiden Kapitalgeber jeweils 16,67% Anteile

(25.000/150.000*100) an der Firma. Zusammen halten Sie also ca. 33% Anteile am Unternehmen.

Wenn das Unternehmen jetzt wächst und einen höheren Wert aufweist, dann wachsen die Anteilseigner mit. Wenn es allerdings Verluste macht, dann schrumpft auch das Kapital der Investoren.

Der Kurswert der Aktie hängt zudem vom Markt ab. Wenn viele Leute Aktienanteile erwerben möchten, dann steigt die Nachfrage nach den Aktien und somit auch der Wert der Aktien sowie der Unternehmenswert. Wenn im anderen Fall die Aktionäre alle verkaufen, sinkt der Wert der Aktien, da es zu wenig Käufer gibt. Ergo schwanken der Kurswert der Aktien und der Wert des Unternehmens, der damit zusammenhängt, sehr stark, weil sie vom Markt abhängen und von den Erwartungen der Menschen.

Viele fragen sich jetzt sicher, dass es doch mehr Sinn machen würde sich Kapitalgeber zu suchen, die „an" der Firma beteiligt sind, anstatt sich bei Banken für hohen Zins das Geld zu leihen, wo Sie das Geld auch in schwierigen Zeiten zurückzahlen müssen. Wenn man ein Unternehmen aufbaut, ist es völlig normal, dass man in den ersten Jahren Verluste einstreicht. Wenn das Unternehmen Verluste einfährt und die Tilgung weiter zahlen muss, nimmt die Bank dem Unternehmen die Luft zum Atmen. Trotzdem gibt es auch Vorteile bei einer Fremdkapital-Aufnahme gegenüber der Ausgabe von Wertpapieren (Emittierung von Aktien). Denn wenn Sie selbst ein Unternehmen gründen, gehört Ihnen dieses zu 100%. Wenn Ihr Unternehmen einen Wert von 1 Milliarde Euro aufweist, dann ist 1% extrem viel. 1% entspricht in diesem Fall 10 Millionen Euro. Wenn wir uns das Beispiel von oben anschauen, hatte Ihr Unternehmen einen Wert von 100.000 Euro. Durch die Kapitalgeber haben Sie Geld erhalten, aber Anteile an Ihrer Firma verloren. Diese 33% haben jetzt einen Wert von 330 Millionen. Deshalb muss man vorher genau wissen, wofür man sich entscheidet. Wie Sie sehen, haben beide Formen Vor- und Nachteile.

Der Wert einer Aktie schwankt also, da er vom Markt abhängig ist (Volatilität). Der Börsenwert (Marktwert des Eigenkapitals) eines Unternehmens errechnet sich einfach, indem man die umlaufenden Aktien mit dem Kurswert multipliziert. Wenn 100 Aktien im Umlauf sind, die jeweils einen Kurswert von

100 Euro aufweisen, ergibt sich ein Börsenwert von 10.000 Euro für das Unternehmen. Diesen Wert nennt man auch Marktkapitalisierung.

Der Deutsche Aktienindex (DAX) spiegelt die 30 Unternehmen mit den größten Marktkapitalisierungen in Deutschland wider. Hier ist eine kleine Übersicht, damit Sie sehen, welche Unternehmen dort aktuell gelistet sind:

Adidas	Fresenius Medical Care
Allianz	HeidelbergCement
BASF	Henkel
Bayer	Infineon
Beiersdorf	Linde
BMW	Lufthansa
Commerzbank	Merck
Continental	Münchener Rück
Daimler	ProSiebenSat1 Media
Deutsche Bank	RWE
Deutsche Börse	SAP
Deutsche Post	Siemens
Deutsche Telekom	Thyssenkrupp
E.ON	Volkswagen
Fresenius	Vonovia

Stand: 04.09.17 Quelle: finanzen.net

Weitere bekanntere Indizes in Deutschland:

- Midle-Cap-DAX (MDAX)
- Small-Cap-DAX (SDAX)
- Tec-DAX
- DivDAX
- H-DAX

Man kann Aktien aus zwei unterschiedlichen Märkten erwerben. Der eine Markt ist der Primärmarkt. Wenn ein Unternehmen neue Aktien herausgibt und an die Investoren verkauft, geschieht dies über den Primärmarkt. Wenn die Aktien nun im Besitz der Investoren sind und untereinander gehandelt werden, geschieht dies über den Sekundärmarkt.

Für jede Aktie, die auf dem Markt ist, gibt es zwei Preise. Einmal gibt es den Geldkurs, das ist der Kurs, zu dem Sie bereit sind die Aktie zu kaufen, und dann gibt es noch den Briefkurs, zu dem Sie bereit sind die Aktie zu verkaufen.

Die Börse ist an sich einfach nur ein riesiger Marktplatz, der versucht, so viele Marktteilnehmer wie möglich zufriedenzustellen. Dies wird in einer Art Orderbuch festgehalten, um sich eine Übersicht zu verschaffen. Man könnte davon ausgehen, dass einfach ein Durchschnittswert (arithmetisches Mittel) gezogen wird, um den jeweiligen Kurswert zu ermitteln. Dem ist aber nicht so: Es wird der Preis festgelegt, mit dem die meisten Anbieter und Nachfrager zufrieden gestellt werden können. Ein kleines Beispiel:

Menge (Nachfrage)	Kaufpreis bis	Menge (Angebot)	Verkaufspreis ab
10	19,50 €	10	18,00 €
20	20,00 €	30	19,50 €
20	21,00 €	10	20,50 €

Wenn wir nun den Börsenkurs auf 18 Euro setzen, dann würden alle 50 Kaufinteressenten kaufen, aber lediglich 10 Leute verkaufen. Somit haben wir eine Nachfrage von 50 und ein Angebot von 10.

Menge (Nachfrage)	Kaufpreis bis	Menge (Angebot)	Verkaufspreis ab
10	19,50 €	10	18,00 €
20	20,00 €	30	19,50 €
20	21,00 €	10	20,50 €

Wenn der Preis nun auf 21 Euro gesetzt wird, dann wären 50 Leute bereit zu verkaufen, aber nur 20 Leute bereit zu kaufen. Somit haben wir ein Angebot von 50, aber nur eine Nachfrage von 20. Das ist auch kein gutes Verhältnis.

Menge (Nachfrage)	Kaufpreis bis	Menge (Angebot)	Verkaufspreis ab
10	19,50 €	10	18,00 €
20	20,00 €	30	19,50 €
20	21,00 €	10	20,50 €

Bei einem Preis von 20 Euro wären 40 Leute bereit zu kaufen und 40 Leute bereit zu verkaufen, dies ist ein gutes Verhältnis. Somit hätten wir eine Nachfrage von 40 und ein Angebot von 40. Dieses „optimale Verhältnis" wird Börsenkurs genannt.

Menge (Nachfrage)	Kaufpreis bis	Menge (Angebot)	Verkaufspreis ab
10	19,50 €	10	18,00 €
20	20,00 €	30	19,50 €
20	21,00 €	10	20,50 €

Da sich Nachfrage und Angebot die ganze Zeit ändern, ändert sich auch der Börsenkurs ständig. Es gibt mehrere Kennzahlen, die immer wieder in den Raum geworfen werden, aber viele nicht verstehen.

Eine wichtige Kennzahl ist das Kurs-Gewinn-Verhältnis (KGV). Sie zeigt das Verhältnis zwischen dem Kurswert der Aktie und dem Gewinn der Aktie. Angenommen, Sie haben eine Aktie mit einem Wert von 100 Euro. Wenn das Unternehmen 8 Euro Gewinn je Aktie macht, dann benötigen Sie stattliche 12,5 Jahre, um durch die Gewinne des Unternehmens Ihre ursprüngliche Investition wieder hereinzuholen (100/8 = 12,5). Hier muss man davon ausgehen, dass das Unternehmen knapp 13 Jahre konstant 8% Gewinn machen muss. Somit spiegelt diese Kennzahl in erster Linie wider, wie lange es dauern würde, bis Sie durch die Gewinne des Unternehmens Ihre ursprüngliche Investition wieder zurück haben.

Man muss natürlich mehrere Kennzahlen beachten, sich das Management anschauen sowie die Branche, in der Sie tätig sind, und herausfinden, was die direkte Konkurrenz so macht. Deshalb sind solche Kennzahlen nur kleine Aspekte von vielen und können aus verschiedenen Perspektiven betrachtet werden.

Wenn das KGV nämlich sehr niedrig wäre, zum Beispiel bei 4 (100 Euro Kurswert, Gewinn je Aktie 25 Euro, 100/25 = 4 Jahre), würde man annehmen, dass es nur anhand dieser Kennzahl eine gute Investition wäre. Unternehmen müssen Teile der Gewinne reinvestieren (Thesaurierung), um Ihre Produkte oder Dienstleistungen zu verbessern. Dazu zählen Investitionen in Forschung & Entwicklung (F&E) sowie Marketing, und auch das Suchen und Finden neuer Märkte ist hier ein wichtiger Bereich. Ansonsten werden sie von der Konkurrenz überrollt. Daher schauen Sie sich immer das ganze Bild an, also mehrere Faktoren, um eine Entscheidung zu treffen.

Eine weitere Kennzahl ist das Kurs-Buchwert-Verhältnis (KBV). Ein Buchwert ist zum Beispiel der Wert einer Maschine, die angeschafft wird. Wenn sich ein Unternehmen eine Maschine zulegt, die 1.000.000 Euro kostet, dann wird dem Wert des Unternehmens 1.000.000 Euro zugeschrieben. Wenn die Maschine linear für 10 Jahre abgeschrieben wird, verliert der Wert dieser Maschine in der Bilanz jedes Jahr 100.000 Euro. Nach einem Jahr weist die Bilanz dann nur noch 900.000 Euro statt 1.000.000 Euro auf.

Dies können Sie gleichsetzen mit einem neuen Handy, das Sie sich kaufen, oder einem Automobil, das Sie erwerben. Wenn Sie sich einen Gebrauchtwagen für 10.000 Euro anschaffen und 5 Jahre nutzen, ist er danach eventuell nur noch 5.000 Euro wert. Und genau das ist der Buchwert: die Anschaffungskosten minus die Abschreibungen.

Das KBV ergibt sich, wenn man den Marktwert des Eigenkapitals durch den Buchwert des Eigenkapitals dividiert (KBV = Marktwert des EK/ Buchwert des EK).

Der Buchwert des Eigenkapitals ergibt sich, indem man den aktuellen Wert des Vermögens addiert, also die Aktiva minus die gesamten Verbindlichkeiten. Stellen Sie sich einfach vor, dass Sie alles, was Sie besitzen, zum gegenwärtigen Wert verkaufen und davon Ihre gesamten Schulden abziehen, dann haben Sie Ihren Buchwert des EK.

Zur Übersicht zeige ich Ihnen einfach mal, wie so eine Bilanz aussieht, damit Sie sich darunter etwas vorstellen können.

Aktiva	Passiva
Anlagevermögen	**Eigenkapital**
Immaterielle Vermögensgegenstände	Gezeichnetes Kapital
Sachanlagen	Gewinnrücklagen
Finanzanlagen	Gewinnvortrag/Verlustvortrag
Umlaufvermögen	Jahresüberschuss
Vorräte	
Forderungen	**Rückstellungen**
Vermögensgegenstände	
Wertpapiere	**Verbindlichkeiten**
Kassenbestand u. Bankguthaben	
ARAP	PRAP

Gerade an diesem Beispiel sieht man, wie Unternehmen vorgehen. Übertragen auf uns müssen wir schauen, dass wir nicht nur Rechnungen zahlen, sondern Vermögen aufbauen, genau wie es Unternehmen machen.

Ein kleines Beispiel zur Berechnung des KBVs:
Kennzahlen

- 5.000.000 Aktien im Umlauf
- 7 Euro Kurswert
- 25.500.000 Euro, Buchwert des EK

(Aktiva – Gesamtverbindlichkeiten), in diesem Beispiel gegeben, damit es einfach zu rechnen ist.

Ein Unternehmen hat 5.000.000 Aktien im Umlauf, die zu einem Kurs von je 7 Euro gehandelt werden. Der Buchwert des Eigenkapitals errechnet sich, indem Sie von den Aktiva die gesamten Verbindlichkeiten subtrahieren. Die Marktkapitalisierung beträgt (5 Millionen Aktien x 7 Euro je Aktie) = 35 Millionen Euro. Der Buchwert des Eigenkapitals beträgt 25,5 Millionen Euro. Das KBV ist in diesem Fall 35/25,5 = 1,37.

Das bedeutet in diesem Fall, dass die Investoren bereit wären das 1,37-fache des Wertes zu bezahlen, den die Aktie aktuell hat. Bei einem KBV unter 1 haben Sie die Möglichkeit Unternehmensanteile günstiger zu erwerben, als sie laut Bilanz wert sind.

Zwei weitere Begriffe, die Sie kennen sollten, sind die Hausse und die Baisse. Eine Hausse bedeutet lediglich ein Ansteigen des Kurses, das heißt der Markt bewegt sich nach oben. Hier spricht man auch von einem Bullenmarkt. Eine Baisse ist das genaue Gegenteil, hier fallen die Kurse, also der Markt bewegt sich nach unten. Hier ist die Rede von einem

Bärenmarkt.

Ein weiterer interessanter Begriff ist der Aktiensplitt. Wenn eine Aktie einen Wert von 500 Euro hat, kann das Unternehmen diese Aktie in zehn 50 Euro Aktien splitten. Die Idee hinter einem Aktiensplitt ist die, dass Privatanleger eher zehn Aktien für 50 Euro kaufen anstatt eine Aktie für 500 Euro. So können die Unternehmen mehr Kapital generieren. Wenn Sie zum Beispiel 10 Aktien im Wert von 5000 Euro besitzen und nun ein Aktiensplitt folgt, besitzen sie statt 10 Aktien 100 Aktien. Es hat sich nichts geändert, ihr prozentualer Anteil am Unternehmen ist nach wie vor der gleiche.

Zu unterscheiden sind noch Stamm- und Vorzugsaktien. Stammaktien beinhalten ein Stimmrecht und Vorzugsaktien nicht. Bei Aktiengesellschaften findet jedes Jahr eine Jahreshauptversammlung statt. Auf dieser Versammlung haben Investoren, die Vorzugsaktien besitzen, kein Stimmrecht. Dort wird entschieden, was mit dem Bilanzgewinn gemacht werden soll, welche Mitglieder in den Aufsichtsrat sollen oder auch wie es sich mit der Dividende beläuft.

Der Aufsichtsrat hat einerseits eine Kontrollfunktion und andererseits eine beratende Funktion. Er soll prüfen, ob der Vorstand, welcher das Unternehmen führt, auch im Sinne des Unternehmens handelt und nicht etwa eigennützig. Aktionäre, die Vorzugsaktien halten, werden bei Gewinnausschüttungen bevorzugt, indem dort eine höhere Dividende ausgeschüttet wird, da sie auf ihr Stimmrecht verzichten.

So, jetzt haben Sie ein paar Begriffe kennengelernt, die häufig in diesem Fachjargon benutzt werden, und können sich darunter nun auch etwas vorstellen. Es gibt natürlich noch deutlich mehr, aber das sind diejenigen, die häufig genutzt werden.

Anleihen

"Es ist nahezu unmöglich nützliche Kursprognosen bei Aktien zu machen, und es ist völlig unmöglich bei Anleihen." – Benjamin Graham

Was genau sind Anleihen? Die Erklärung steckt schon im Begriff. Bei einer Anleihe „leihen" Sie jemandem Geld. Sie könnten dem Staat Geld leihen, der Bank Geld leihen oder einem Unternehmen Geld leihen und im

Gegenzug erhalten Sie dafür eine Zinszahlung (Kuponzins). Das heißt, eine Anleihe ist kein Sachwert. Bei einer Aktie würde Ihnen ein Teil des Unternehmens gehören und bei einer Anleihe haben Sie lediglich Anspruch auf das Geld.

Ein kleines Beispiel dazu: Angenommen, Sie investieren 1.000 Euro in eine Anleihe, bei der sich der festgeschriebene Zinssatz auf 4% p.a. beläuft. Wenn der Marktzins aktuell 3% beträgt, ist soweit alles gut, denn dann erzielen Sie eine Rendite, die höher als der Marktzins ist. Aus diesem Grund ist Ihre Anleihe aktuell mehr wert als 1.000. Wenn Ihnen jemand diese Anleihe abkaufen möchte, wird er Ihnen mehr als 1.000 Euro anbieten. Angenommen, der Marktzins liegt nun bei 5%, dann ist Ihre Anleihe weniger als 1.000 Euro wert, denn wenn Sie diese Anleihe verkaufen würden und der Käufer diese Anleihe hält, erhält er nur die festgeschriebenen 4%. Deshalb macht es natürlich mehr Sinn, die 1.000 Euro für 5 % anzulegen. Infolgedessen sinkt der Wert Ihrer Anleihe, aber warum sollte jemand Ihre Anleihe für weniger als 1.000 Euro kaufen, wenn der Markt einen höheren Zins anbietet? Einfach aus der Erwartung heraus, dass der Marktzins wieder unter diese 4% sinkt und die Anleihe dann ein gutes Investment darstellt. Es geht hier also nur um die Erwartungshaltung. Das bedeutet, wenn der Zins steigt, sinkt der Wert der Anleihe. Wenn der Zins sinkt, steigt der Wert der Anleihe. Deshalb macht es mehr Sinn Anleihen zu erwerben in Phasen eines hohen Zinses und nicht umgekehrt.

Jedes Land bietet unterschiedlich hohe Zinszahlungen auf Ihre Anleihen. Leihen Sie dem deutschen Staat Ihr Geld, erhalten Sie weniger Zins, da Sie mit hoher Wahrscheinlichkeit Ihr Geld wieder bekommen und somit das Ausfallrisiko relativ gering ist. Leihen Sie hingegen Staaten Geld, denen es wirtschaftlich nicht gut geht, wie zum Beispiel Griechenland, erhalten Sie höhere Zinszahlungen, da es ein höheres Ausfallrisiko gibt. Die Bonität wird von Ratingagenturen geprüft und dann bestimmt.

Die Vorteile der Anleihe sind, dass durch Zinssenkungen die Anleihe während der Laufzeit mit Gewinn verkauft werden kann. So werden die bisherigen Kuponzahlungen plus die Differenz vom Kaufwert und aktuellem Wert als Gewinn verbucht.

Das Risiko besteht darin, dass das Unter-

nehmen oder der jeweilige Staat Pleite gehen und Sie dann Ihr Geld nicht mehr erhalten. Wenn sich die Bonität eines Unternehmens oder des Staates verschlechtert, dann sinkt i.d.R. auch der Wert Ihrer Anleihe. Bei Insolvenz eines Unternehmens werden Anleihen gegenüber Aktien bevorzugt behandelt. D.h. wenn noch Kapital vorhanden ist, werden erst die Besitzer von Anleihen ausgezahlt und danach die Aktionäre.
Folgende Vorteile bieten Anleihen:

- Kuponzahlungen
- Recht auf Rückzahlung zum Nennwert
- Vorrangige Zahlung bei Konkurs gegenüber Aktionären

Der Grund, warum Aktionäre hier benachteiligt werden, ist, dass Anleihen zum Fremdkapital eines Unternehmens gehören. Anleihen sind nichts weiter als ein Kredit. In Rückzahlungsfällen werden Fremdkapitalgeber bevorzugt gegenüber Eigenkapitalgebern (Aktionären) behandelt. Wenn Konkurs angemeldet wird, dann werden erst alle Fremdkapitalgeber bedient.

Es gibt natürlich noch weitere Formen von Anleihen. Anleihen mit variablen Zinssätzen, inflationsbereinigte Anleihen etc. Aber Sie sollen erst einmal nur verstehen, was Anleihen sind, damit Sie mit dem Begriff etwas anfangen können.

Diversifikation

„Es ist wahrscheinlich, dass die meisten Privatanleger den Nutzen eines korrekt diversifizierten Portfolios nicht verstehen." – Prof. Terrance Odean

Diversifikation ist eines der wichtigsten Dinge, die man beachten sollte, wenn man investiert. Angenommen, Sie haben den Aktienmarkt analysiert und ein gutes Unternehmen gefunden, in welches Sie gerne investieren möchten. Sie investieren nun zum Beispiel 5000 Euro in dieses Unternehmen. Nun kommt ein Skandal raus, wie bei VW zum Beispiel. Die Aktienkurse schießen in den Keller, weil viele verkaufen. Nehmen wir an, Ihre Aktien sind nun nur noch 2500 Euro wert. Sie haben jetzt 50% verloren, der Kurs müsste aber um 100% steigen, damit Sie wieder auf plus minus Null kommen. Obwohl Sie gut analysiert und sich ein gutes Unternehmen herausgesucht haben, welches zu Ihrer Strategie passt, ist Ihre Investition kurzfristig erst einmal fehlgeschlagen.

Der Fehler, den viele hier machen, ist, dass Sie anfangen sich für etwas zu interessieren, dann einen Versuch wagen und dann keinen Erfolg haben. Dann lassen Sie die Finger davon und denken sich, das ist doch alles nichts für mich. Wenn man etwas Neues anfängt, läuft es anfangs meistens immer nicht ganz rund und es geht irgendetwas schief, das ist normal.

Der Punkt ist aber der, dass sich der Fehler vermeiden lassen könnte. Denn es wurde nur in ein Unternehmen investiert. Das Risiko wurde überhaupt nicht gestreut. Sie könnten Ihr Risiko aufteilen, indem Sie in Immobilien, Rohstoffe, Anleihen und Aktien investieren. Und das ist der simple Trick dabei, nämlich die Investition zu streuen. Wenn man klein anfangen möchte zu sparen, kann man zum Beispiel in ETFs oder Fonds investieren.

Kurz eine Erläuterung zu Fonds:
Die Idee hinter einem Fonds ist, dass viele Kleinsparer ihr Geld in einen großen Topf hineinwerfen und ein Mensch das Ganze verwaltet (Fondsmanager). Somit haben diese auch die Möglichkeit sich an Märkten zu

beteiligen, die vermehrt Großanlegern offen stehen.

Ein Fonds ist somit nichts anderes als viele unterschiedliche Aktien in einem Paket zusammen geschnürt, und dadurch legt man nicht alle in einen Korb. Beispielsweise werden Aktien nicht nur von einem Automobilhersteller gekauft, sondern es werden Anteile von mehreren Automobilherstellern gekauft und somit wird auf die Automobilbranche gesetzt. Da es schwierig für einen Privatleger ist eine ganze Branche im Blick zu behalten, übernehmen das Fondsgesellschaften. Diese beobachten die Märkte und Entwicklungen in den jeweiligen Branchen. Der Fondsmanager soll den Wert des Fonds erhöhen und deshalb zahlt jeder Anleger dem Fondsmanager einen kleinen Betrag.

Ein guter Grund in Fonds zu investieren wäre zum Beispiel, dass Sie eine Branche sehr interessant finden, Sie den Markt aber noch nicht so gut kennen. Nun können Sie sich an Fondsgesellschaften beteiligen, die Ihr Geld in einen von Ihnen ausgewählten Fonds investieren. Dafür zahlen Sie eine kleine Gebühr, damit der Fonds verwaltet wird. Ein anderer wäre, wenn Sie zum Beispiel zu wenig Kapital haben, um in einzelne Unternehmen investieren zu können und auch um Ihr Risiko zu streuen.

Ein Nachteil bei Fonds ist, dass die Fondsmanager keinen allzu großen Freiraum für eigene Handlungen haben, sondern sich stark an die Regularien des Auftraggebers halten müssen.

Es gibt offene und geschlossene Fonds. Bei offenen Fonds kann man jederzeit sein Kapital investieren und seine Anteile auch wieder verkaufen. Hier wird eine festgelegte Anlagestrategie verfolgt und auch versucht so gut es geht zu diversifizieren. Die Anlagestrategie kann jederzeit überprüft werden.

Bei geschlossenen Fonds handelt es sich zumeist um ein Sammelvermögen, welches platziert wird für Neuanlagen. Des Weiteren ist bei geschlossenen Fonds die Gesellschaft nicht dazu verpflichtet Anteile während der Laufzeit zurückzunehmen, deshalb müssen diese Anteile normalerweise bis zur Fälligkeit gehalten werden, um nicht einen hohen Abschlag zu bezahlen. Dies ist ein wenig problematisch, da diese Fonds eine längere Laufzeit haben, oft von ca. 10 Jahren. Geschlossene Fonds investieren häufig nur in einzelne oder wenige Objekte wie Flugzeuge, Schiffe oder Bauprojekte. Daher ist dieser Fonds nicht breit gestreut. Häufig sind geschlossene Fonds auch sehr schlecht dokumentiert und damit sehr intransparent.

ETFs (Exchange Traded Fund) sind Indexfonds, d.h. sie bilden einen Index nach. Das kann zum Beispiel der DAX sein, wo die 30 umsatzstärksten Unternehmen Deutschlands gelistet sind, oder ein anderer Index wie zum Beispiel der amerikanische Dow Jones. Man sucht sich also einen ETF aus, und wenn man jetzt zum Beispiel den DAX nachbildet, ist das Risiko deutlich breiter gestreut, denn Sie haben nicht nur in ein Unternehmen investiert, sondern in 30 verschiedene Firmen in den unterschiedlichsten Branchen:

Branche	Prozentualer Anteil
Chemie	20,23%
Autoindustrie	14,71%
Industriegüter	12,44%
Versicherungen	10,78%
Software	8,91%
Konsumgüter u. Haushaltswaren	6,23%
Gesundheitswesen	6,14%
Telekommunikation	5,20%
Transport + Logistik	3,78%
Banken	3,40%

Finanzdienstleistungen	2,85%
Versorgung	2,23%

http://www.finanzen.net/etf/Deka_DAX%AE_UCITS_ETF (Stand: 04.09.2017)

Wenn Sie nur in ein Unternehmen investieren, investieren Sie nicht nur in eine Vermögensform, sondern auch nur in eine Branche. Wenn Sie so einen Index nachbilden, ist Ihre Investition schon breiter gestreut, reicht aber noch nicht aus. Denn das sind nur Aktien und Sie investieren Ihr Geld nur in ein Land. Sie benötigen ein ausgeglichenes Portfolio, welches verschiedene Vermögensformen beinhaltet. Wenn wir in eine wirtschaftliche Krise geraten, dann brechen die ganzen Kurse wie 07/08 ein. Deshalb sollte man nur einen gewissen Anteil an Aktien in sein Portfolio investieren, da sie sich sehr schwankend verhalten (volatil).

http://www.finanzen.net/index/DAX

Diese Anlagestrategie folgt einem passiven Ansatz. Ein großer Vorteil gegenüber traditionellen Indexfonds ist, dass ETFs täglich mehrfach gekauft und verkauft werden. Die Gebühren für einen ETF sind gering. Ein Ausgabeaufschlag fällt nicht an und die Transaktionskosten sind vergleichsweise auch sehr gering. Transaktionskosten sind

Kosten, die mit dem Kaufen, Verkaufen und Halten von Vermögenswerten anfallen. Eine wichtige Kennziffer bildet hier die Total Expense Ratio (TER). Sie gibt einen Großteil der laufenden Kosten eines ETF an. ETFs sind eine interessante Methode, um ein Depot zu diversifizieren. Dadurch können Sie das Einzelwert- und Assetklassenrisiko wegdiversifizieren. Ein weiterer interessanter Punkt bei ETFs ist, dass sie zum Sondervermögen gehören. Das bedeutet einfach nur, dass im Falle einer Insolvenz das Kapital der ETF-Anleger geschützt ist.

Nachteile gibt es natürlich auch, wie bei jeder Sache. Da diese Anlagestrategie einen passiven Ansatz verfolgt, greift bei einer negativen Entwicklung kein Management ein. Durch eine konjunkturell schlechte Lage hätte es dann auch negative Auswirkungen auf den Markt und damit auf den ETF, der diesen Markt indexiert.

Der Unterschied zu einem klassischen Investmentfonds ist einfach nur der passive Ansatz. Denn hier wird kein aktives Management betrieben, da nur ein Index nachgebildet wird. Knapp über 90% des Aktienhandelsvolumens gehen von institutionellen Marktteilnehmern aus.

Sie könnten zum Beispiel 40% in Aktien, 40% in Rohstoffe und 20% in Anleihen investieren. Oder Sie wählen eine andere Verteilung ihrer Investition aus. Wenn jetzt ein Skandal aufgedeckt wird, dann hat es eine minimale Auswirkung auf Ihre Investition, da durch die verschiedenen Vermögensformen, verschiedenen Branchen und die verschiedenen Länder alles abgefedert wird. Wichtig ist nur, dass Sie verstehen, warum die Diversifikation so wichtig ist.

Bei Interesse können Sie online nach Indexfonds suchen und diese ein wenig analysieren. Sie können filtern, welche ETFs angezeigt werden sollen und welche nicht. Sie können dann die Wertpapierkennnummer (WKN) eingeben und sich die Daten anzeigen lassen.

Wenn Sie Interesse an Geschäftsberichten haben, googeln Sie diese einfach. Geben Sie dazu einfach Geschäftsbericht und den Namen des Unternehmens an, von dem Sie den Geschäftsbericht lesen wollen.

Für nicht erfahrene Investoren, sind passive Indexfonds sinnvoll. Das heißt wenn Sie sich nicht gut auskennen, dann sollten Sie diesen Ansatz wählen. Für fortgeschrittene Anleger, die sich sehr gut mit dem Markt auskennen und wissen was Sie machen, macht dieser Ansatz weniger Sinn. Sie sollten nicht diversifizieren, sondern in wenige Investments viel Geld hineinschieben. Diese Lektüre dient allerdings Anfängern, aber dies wollte ich nebenbei noch erwähnt haben.

ZUSAMMENFASSUNG

„Wer glücklich ist, kann glücklich machen – wer´s tut, vermehrt sein eigenes Glück." – Johann Willhelm Ludwig Gleim

Am Ende meines Buches gebe ich Ihnen eine kleine Übersicht mit, die Ihnen alle Aufgaben und Schritte noch einmal auflistet. Sie haben nun dieses Buch über Finanzen gelesen, doch ich lege Ihnen sehr ans Herz, sich noch weitere Bücher über dieses Thema anzueignen. Nur so können Sie ein gutes Feingefühl für Geld und Ihre persönlichen Finanzen entwickeln. Hier eine kleine Auflistung von guten Büchern über Finanzen:

- Bodo Schäfer – Der Weg zur finanziellen Freiheit
- Dirk Müller – Cashkurs
- Robert Kiyosaki – Rich Dad Poor Dad
- Gerald Hörhan – Warum ihr schuftet und wir reich werden
- T.Harv.Eker – So denken Millionäre
- Tony Robbins – Money Master The Game
- Gerd Kommer – Souverän investieren mit Indexfonds & ETFs

Diese Bücher kann ich Ihnen wärmstens empfehlen, damit Sie Ihre Finanzen nicht nur in den Griff bekommen, sondern auch finanziell frei werden. Setzen Sie sich zum Ziel, diese sechs Bücher in den kommenden zwei Monaten zu lesen; drei Bücher im Monat sind absolut machbar. Nehmen Sie sich jetzt ein paar Minuten Zeit und notieren Sie sich Ihre Finanzen. Entweder ganz klassisch mit Stift und Papier, per App oder mit einer Exceltabelle. Ich persönlich benutze dazu eine Exceltabelle und habe hier eine Beispieltabelle eingefügt, an der Sie sich orientieren können.
(http://deinfinanzplan.com/wp-content/uploads/2016/06/Haushaltsbudget.xlsx)

Denn jeder hat andere Posten in seinen Ausgaben. In der Exceldatei des Tagesbudgets tragen Sie einfach Ihre täglichen Ausgaben in die jeweiligen Posten ein.

Juni	Wohnen	Inet/Handy	Versicherungen
1	450	25,99	45,12
2			
3			
4			
5			

Ausgaben 2017	Wohnen	Inet/Handy	Lebenshaltung
Januar	450	25,99	340,31
Februar	450	25,99	299,17
März	450	25,99	322,30
April	450	25,99	271,86
Mai	450	25,99	363,65

Schreiben Sie täglich auf, was Sie einnehmen und wie viel Sie ausgeben. Es ist alles so formatiert, dass jede Zahl direkt übernommen und alles automatisch berechnet wird.

Sie müssen nichts Weiteres mehr berechnen. Wie Sie sehen, werden monatliche Durchschnittswerte angezeigt, zum einen das monatliche Ergebnis und zum anderen die monatlichen sowie jährlichen Gesamtsummen. Falls Sie andere Ausgabenposten haben, dann ändern Sie lediglich den Namen in der Tabelle „2017", denn die Änderung überträgt sich automatisch auf die folgenden Monatstabellen. Wenn Sie beispielsweise den Posten „Versicherungen" herausnehmen und daraus einen „Beauty" Posten machen möchten, dann ändern Sie einfach den Namen im Tabellenblatt „2017".

Das Eintragen Ihrer täglichen Einnahmen

und Ausgaben dauert maximal eine Minute am Tag. So haben Sie nach einigen Wochen und Monaten eine gute Übersicht, mit der Sie Ihre Finanzen optimieren können. Ich kann Ihnen diese Methode nur empfehlen, da ich sie schon seit einigen Jahre benutze und dadurch nicht nur finanziell besser dastehe, sondern auch viel mehr Klarheit über meine Geldströme habe. Es ist die simpelste Methode, alt und gut bewährt und zudem noch kostenlos.

Anstatt also unnötige Finanzprodukte abzuschließen, eliminieren Sie schrittweise Ihre schlechten Angewohnheiten. Kündigen Sie die Verträge für Abonnements, die Sie nicht mehr nutzen. Zahlen Sie noch Clubbeiträge, obwohl Sie das gar nicht mehr interessiert? Zeitschriften, die Sie eigentlich gar nicht mehr lesen wollen? 150 Euro für Zigaretten, 100 Euro um auswärts zu essen, etc. Stellen Sie sich einmal vor, was das in Summe ergibt – auf ein Jahr, auf fünf Jahre, auf zehn Jahre.

Nachdem Sie die Literatur dazu gelesen haben und begonnen haben eine Aufstellung Ihres Haushaltsbudgets zu führen, sollten Sie einen finanziellen Puffer aufbauen, der drei bis sechs Monatsnettogehälter aufweist.

Wie gesagt, richten Sie sich dazu ein kostenloses Online Konto ein und machen Sie einen Dauerauftrag auf dieses Konto, wenn Sie Ihr Gehalt bekommen. Nachdem Sie Ihren Puffer erreicht haben, sehen Sie ja, wie sich Ihre Finanzen verteilen. Fangen Sie an zu investieren, entweder in Ihr Humankapital in Form von Büchern, Seminaren oder sonstigen Kursen, die Ihnen weiterhelfen, oder in Vermögenswerte.

Hier ist ein 6-Schritte-Leitfaden, den Sie verfolgen sollten, um in den nächsten Jahren finanziell besser dazustehen. Wichtig ist, dass Sie sich immer erst eine Sache herauspicken und diese umsetzen, nicht alles gleichzeitig. Beginnen Sie heute mit Schritt Nummer 1. Machen Sie es sich für die nächsten 60 bis 90 Tage zur Pflicht, jeden Tag Ihre Finanzen einzutragen.

1. Haushaltsbudget (HB) führen
2. Literatur lesen
3. HB optimieren (in Abständen) – was kann man eliminieren?
4. Puffer ansparen
5. Anfangen zu investieren, in sich selbst oder in Vermögenswerte
6. Weitere Einkommensströme aufbauen

Der Grund für dieses Buch ist, dass ich Menschen dabei helfen möchte, besser mit ihrer finanziellen Situation zurecht zu kommen. Wenn es mit Ihren Finanzen nicht so gut läuft, kann das negative Auswirkungen auf Ihre Beziehungen zu Ihrem Partner, Ihrer Familie oder auch zu Ihren Kindern zur Folge haben. Für ein harmonisches Verhältnis sollten Sie auch eine finanzielle Grundstruktur haben. Ich hoffe, dass ich Ihnen hiermit geholfen habe und sich die Dinge in Ihrem Leben in den jeweiligen Bereichen zum Positiven wenden.

Falls Sie noch weitere Informationen über Geld und Finanzen erhalten möchten, schauen Sie gerne auf meinen Blog vorbei: www.dennys-shanmugam.de oder auch auf meiner Fanpage, die gerade im Aufbau ist auf Facebook: Geld und Finanzen – Dennys Shanmugam. Wenn Ihnen dieses Buch gefallen hat, dann würde ich mich über eine positive Rezension sehr freuen.

Herzlichst,

Ihr
Dennys Shanmugam

DANKSAGUNG

An dieser Stelle bedanke ich mich bei meiner Familie und vor allem bei meiner Mutter, die mich mein ganzes Leben lang unterstützt hat und immer an mich geglaubt hat, egal in welcher Lebenssituation ich mich befand.

Ein weiterer Dank geht an meine Freunde, mit denen ich sehr viel erlebt und erfahren habe. An dieser Stelle einen ganz besonderen Dank an meine besten Freunde Alexander Schlee und Ahaljan Duraiappah. Einen herzlichen Dank auch an Marius Müller.

Einen herzlichen Dank auch an Felix Bröcker und Steffen Maas, die Meetings mit euch bringen mich jedes Mal weiter und ich bin froh euch zu kennen. Einen besonderen Dank auch an Oliver Lorenz. Ich habe viel von ihm gelernt und mich dadurch enorm weiterentwickelt.

Mein Schlusswort richtet sich an Jennifer Kastner, die sich die Mühe gemacht hat, mein Buch zu lektorieren. Danke für die tolle Zusammenarbeit und ein großes Lob dafür.

IMPRESSUM

Dennys Shanmugam

Apenberg 9

31632 Husum

Inhaltlich verantwortlich gemäß § 6 MDStV: Dennys Shanmugam

Copyright © 2017 Dennys Shanmugam

Alle Rechte vorbehalten.

www.ingramcontent.com/pod-product-compliance
Lightning Source LLC
Chambersburg PA
CBHW050209230526
45470CB00001B/303